自然人生　财智无限

U0918842

兴业银行向自然人生黑金、白金客户推出免果岭费畅打，
练习场免费畅打，日常订场享受嘉宾价等高尔夫增值服务。

兴业银行®
INDUSTRIAL BANK CO.,LTD.
服　务　源　自　真　诚

在线兴业：www.cib.com.cn　无线兴业：wap.cib.com.cn　热线兴业：95561

兴业银行保留对本海报所指贵宾服务的最终解释权。

智能存款利滚利　活期便利高收益

兴业银行“智能通知存款(自在增利)”升级啦!

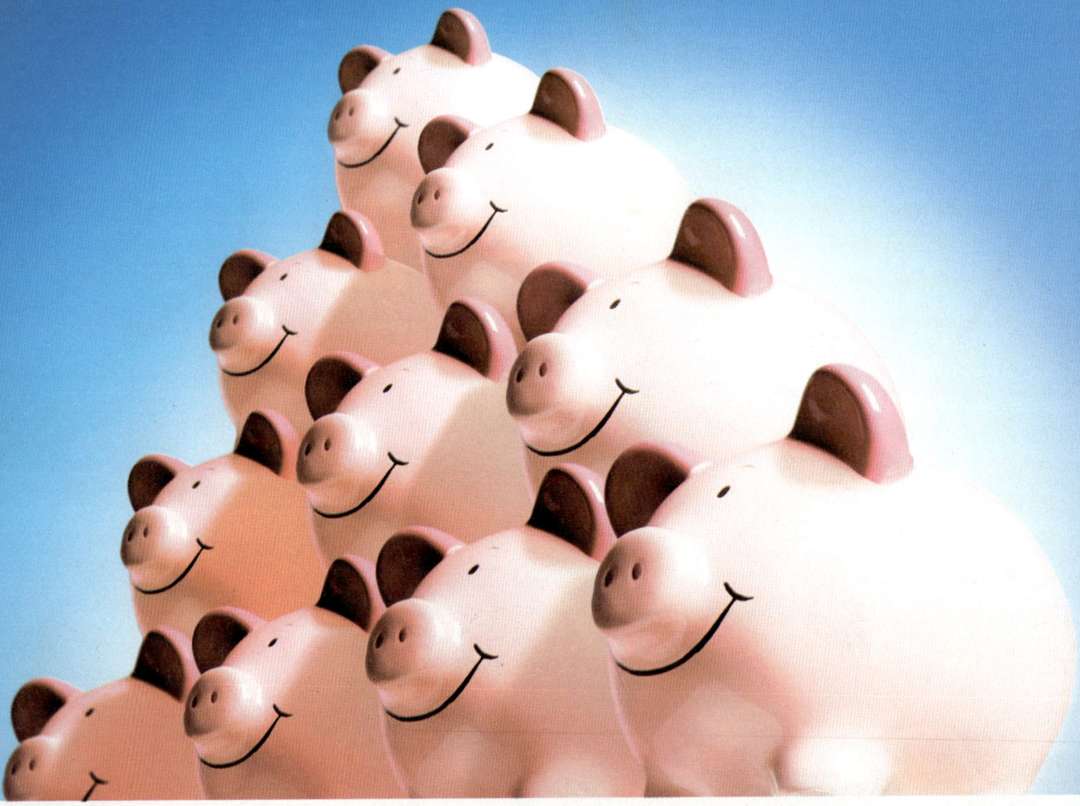

业务特色

智能选择存期

“智能通知存款（自在增利）”无需预设存期，系统将根据存款时间自动选择最合适存期类型：连续存款达到七天按七天通知存款计息，不足七天按一天通知存款计息。

满七天利滚利

“智能通知存款（自在增利）”账户资金满七天自动结息一次，系统自动将利息和活期账户可用资金的千元整数倍重新转入本金起息，实现客户资金的利滚利。

享受活期便利

当办理取款、消费和第三方存管银转证交易时，若卡内活期账户资金不足，不足部分将自动从“智能通知存款（自在增利）”账户转入活期账户。

业务申请

您可通过我行柜面、网上银行、电话银行和手机银行申请开通“智能通知存款（自在增利）”业务。详情咨询兴业银行全国统一客服热线：95561

真诚服务　相伴成长

热线兴业：95561　在线兴业：www.cib.com.cn　无线兴业：wap.cib.com.cn

台北故宫

台北故宫

琳瑯球璧世間所有若此帖乃希世珍耳

東晉至今近千年書跡傳流至今者絕不可得快雪時晴帖晉王羲之書歷代寶藏者也刻本有之今乃得見真跡臣不勝欣幸之至延祐五年四月二十一日

翰林學士承旨榮祿大夫知制誥兼修國史臣趙孟頫奉勅恭跋

右軍此帖跋語俱佳紙亦清瑩可玩朕題識數番喜其與筆墨相和愛不釋手得意趣書無拘次第也乾隆偶記

《快雪时晴帖》

連朝蘊釀密雲垂，侵曉瀌瀌遂霈施。節來立春猶是臘，兆符元旦正宜時。重樓千二皆皴玉，世界三千遍被釐。指筆欲吟還自閣，似茲何以答天禧。

庚寅新正三日密雪優霑，喜前兆瑞，因成什書，用志慰。御筆

天下無雙古今鮮對

羲之頓首。快雪時晴，佳想安善。未果為結，力不次。王羲之頓首。

山陰張侯

《寒食帖》

宋 翰林风月墨

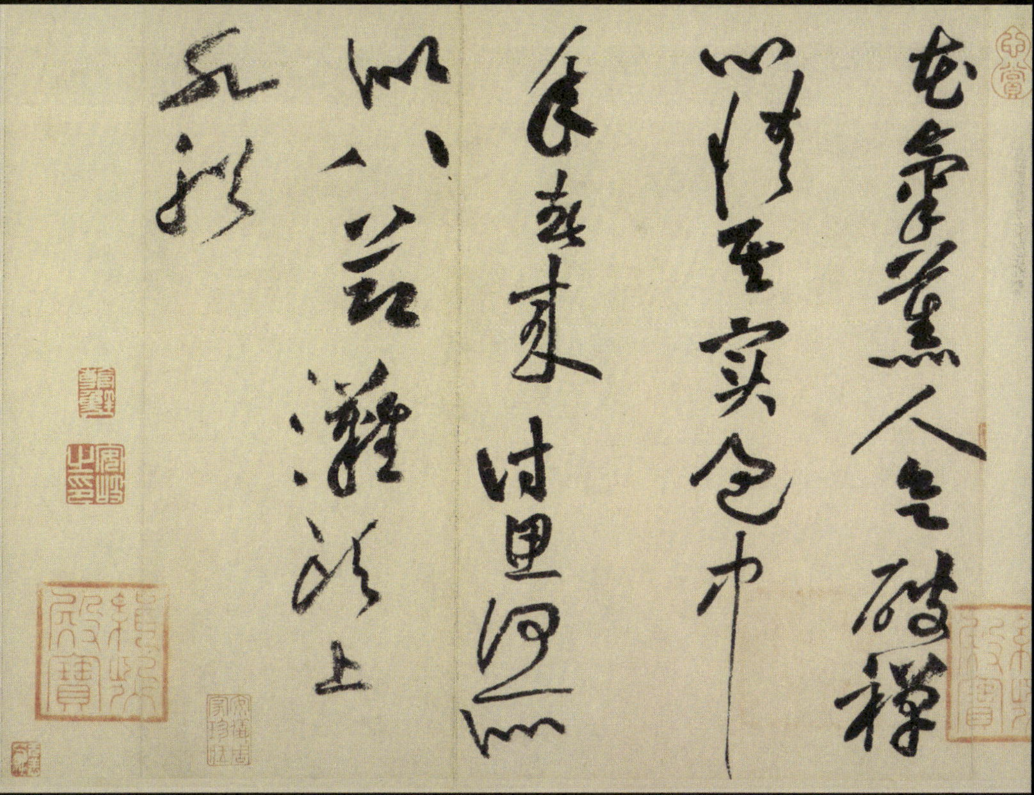

《花气薰人帖》

《自叙帖》

愧畏耳時大曆丁巳冬十月廿有八日

大中祥符三年九月五日前進士蘇耆題

前人之奇迹所見甚淺遂擔笈杖錫西遊上國謁見當代名公錯綜其事遺編絕簡往往遇之豁然心胸略無疑滯魚箋絹素多所塵點士大夫不以爲怪焉

《清明上河图》（台北故宫）

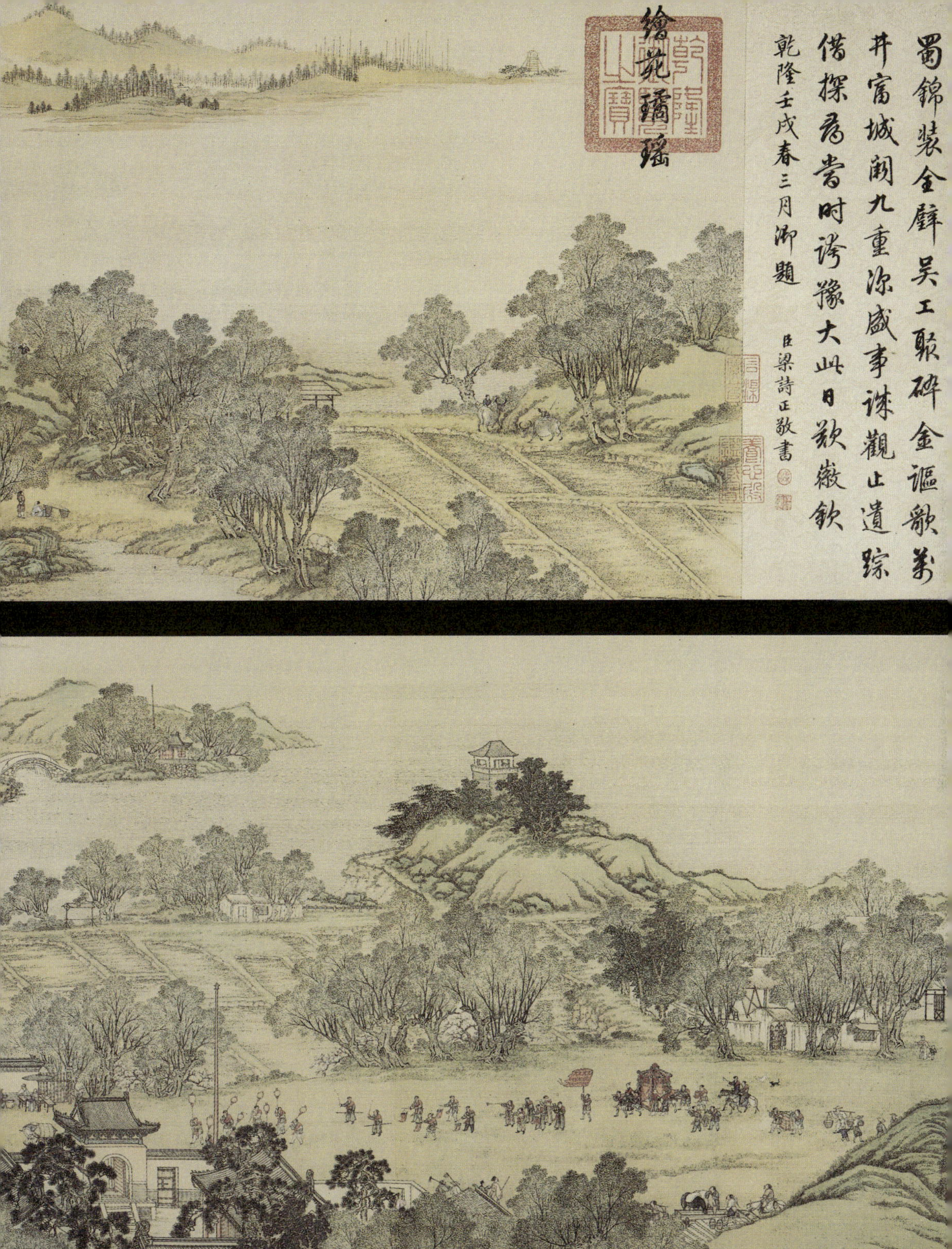
繪苑璚瑤
蜀錦裝全辟吳工聚碎金謳歌業
井富城闕九重深盛事誰觀止遺踪
借探尋當时誇豫大此日歎徽欽
乾隆壬戌春三月御題
臣梁詩正敬書

《清明上河图》（台北故宫）

《蜀素帖》

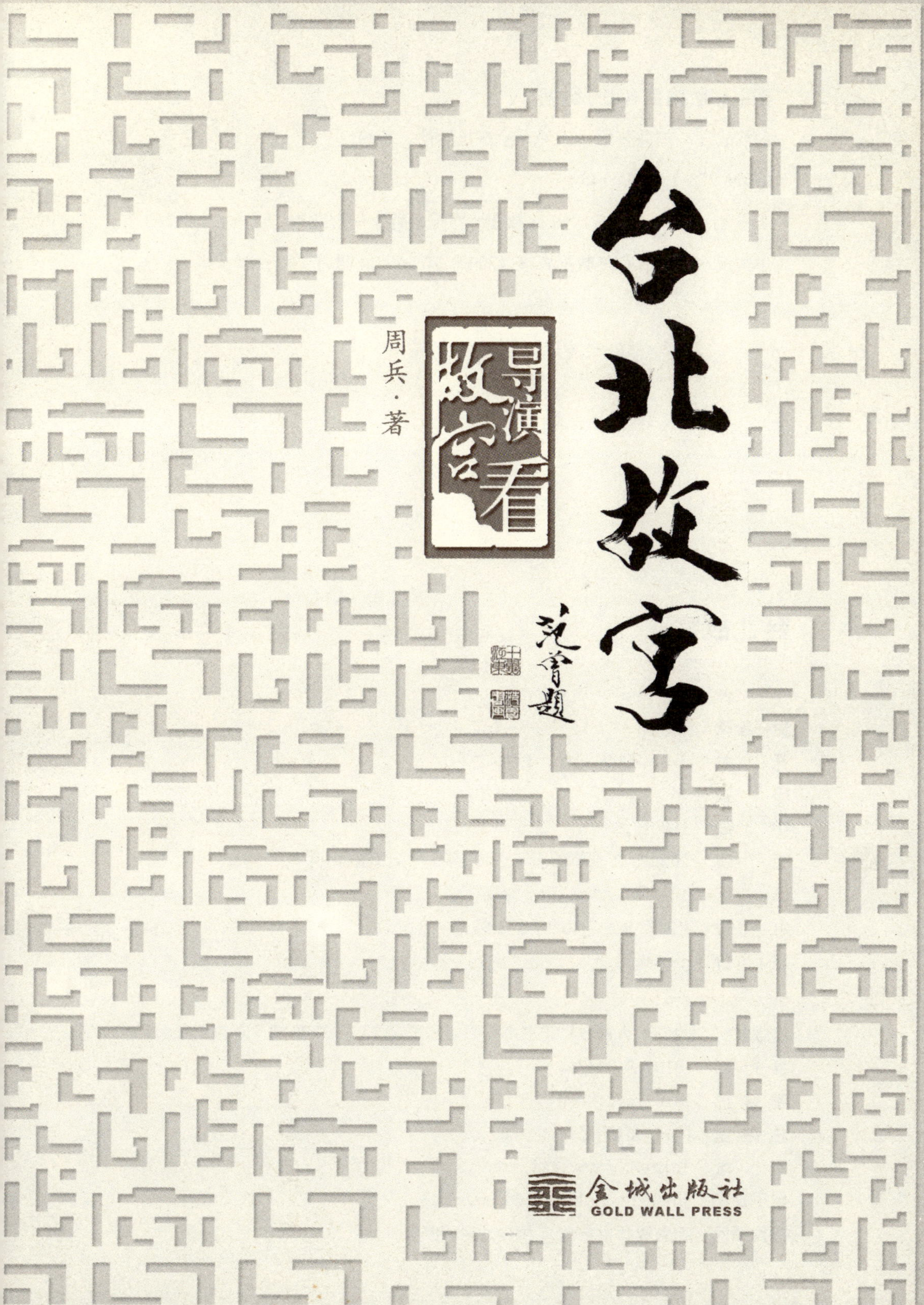
台北故宫
范曾题
导演看故宫
周兵·著
金城出版社
GOLD WALL PRESS

图书在版编目（CIP）数据

台北故宫／周兵著．－北京：金城出版社，2009.2

ISBN 978-7-80251-143-9

Ⅰ．台…　Ⅱ．周…　Ⅲ．故宫博物院－简介－台北市　Ⅳ．G269.263

中国版本图书馆 CIP 数据核字（2009）第 000031 号

台北故宫

作　　者　周　兵
责任编辑　柯　湘
开　　本　710×1000 毫米　1/16
印　　张　16
字　　数　180 千字
版　　次　2009 年 2 月第 1 版　2009年5月第3次印刷
印　　刷　中国人民大学出版社印刷厂
书　　号　ISBN 978-7-80251-143-9
定　　价　38.00 元

出版发行　金城出版社　北京市朝阳区和平街 13 区 37 号楼　邮编：100013
发 行 部　（010）84254364
编 辑 部　（010）64210080
总 编 室　（010）64228516
网　　址　http://www.jccb.com.cn
电子邮箱　jinchengchuban@163.com
法律顾问　陈鹰律师事务所　（010）64970501

走进故宫　靠近平静

白岩松

一

说起故宫，中国人会说一共有两个，一个在北京，一个在台北。

只有走进另一个，才知自己身边这个的优点、魅力，当然，也包括不足。

当我几年前，第一次站在台北故宫博物院的大门外，才突然意识到北京故宫的最大魅力，恰恰在于故宫建筑本身，虽然它内在的藏品也十分丰富，但千百年留下的建筑本身就是艺术品，而它又不是为展示其它艺术品所用，所以，就让你感觉到厚重的同时，又感受到一定的距离感。

而台北的故宫博物院，建筑本身并不存在，只是故宫的国宝来台之后，才为展示它们而建，于是，艺术品本身，就成了台北故宫的真正主角，也是灵魂所在。展示它们，就成了台北故宫唯一的任务，于是在“肉形石”、“翠玉白菜”等展品的面前，你就自然感受到文物与游人之间的亲近。

二

两个故宫，自然两个都好，这样想，做一个中国人是幸福的。

不管你身在哪一个故宫，在丰富的展品背后，你读到的都只有两个字：中国。也因此，不管海峡两岸政治风云如何变换，故宫都像是一个证人，以文化的名义，守护着那一份血脉，那一份DNA，这么一想，你其实就多了一份踏实。

三

电视人靠近故宫，并不因为这是一份工作。

比如《故宫》与《台北故宫》的总导演周兵，我们相识于1993年刚开播的《东方时空》，他刚刚放弃了兰州的几房几厅以及优越的生活条件，空手加入“东方之子”栏目。如果我没记错，他拿来的第一个片子，就是甘肃藏区的一位画家，而这还仅仅是个开始，这之后，他对文化类人物乐此不疲，我们合作多次，知道这是他的兴趣所在。

再以后，穿布衣，少吃肉，让自己平和，投师范曾门下，一切都像是为了拍摄故宫所做的准备。终于开始了，精彩也就在所难免。

不只周兵，很多靠近两个故宫的电视人都如此，其实不奇怪，没有灵魂与心境上的安静，故宫是靠不近的。

四

所以，我们才越发需要走进故宫，从北京到台北，从屏幕到文字。

不管在哪一个故宫，进去呆一会儿，红墙与文物就会隔绝了外界的喧闹，千百年来的宫廷争斗与情感纠缠也都烟消云散，只有文化静静地一言不发地看着你，不是嘲笑而更像是一个善意地提醒：你有什么理由不更平静一些？

我们应当接受这份提醒，因为平静才离幸福更近，所以不管走进哪一个故宫，都有助于我们靠近平静。周兵们，已经不仅仅在记录故宫的故事，也在记录这个时代与我们自己。

平静，也许从接下来的文字开始，只不过，您准备好了吗？

一切诸法　缘会而生

郭长虹

僧肇《肇论》云："一切诸法，缘会而生。"盖人生之遭际无常，覆合无端，执象而求，咫尺千里，而越是不可知、不期然之事，往往会成为一人一事之莫大因缘。对此，你只有欢喜赞叹。

或许电视人更能理会得此理，世间诸实相，一切归空幻，在光与影中看大千世界，无端多了一只眼睛。

我与周兵从不相识，到相识、成为朋友、到合作者、到同门师兄弟、直到今晚坐在窗下，很荣幸地承命为他这部大作写几句话，其间很多事情都不期然地发生了，将近十年的时间也很快成为过去，谬托知己的话，周导演或不吾罪也。或许就个人而言，白驹过隙之后，一切皆如去岁湖上之风，痕迹和记忆只在自己这里，世界仍旧在，干卿底事。

但我仍旧愿意从周兵这个人开始说起。先不说这本书。孟子说过："诵其诗，读其书，不知其人，可乎？是以论其世也，是尚友也。"不管是从一个负责任的介绍者的角度，还是"尚友"的角度，都应该先这样做。

周兵是个文雅的人。

可能很多我们共同的朋友听了这话会笑，觉得这个评价很突兀。我说的文雅是种气象。由于我们很不幸地成活在一个瞬息万变的时代，所以大家都很忙，对于气象的商量培养都没时间做，所以有气象的人不多，有文雅气象的人就更少，每见到这种人我都觉得珍贵。要是一个人先天本性中自具有文雅气象，那就弥足珍贵。文雅的周兵举止和缓，吐属清畅，这种性格让他遇到了很多不期然而然的事。

周兵还是个有学问的人。

希望周兵自己听到这个评价不要惊讶，孟子就说，学问之道无他，求其放心而已。把我们丢失了的"心"找回来，是为学的第一要义，因此，当一个人心中有宗主、立世有实行、泽人以文化，那就是学问家。纪录片的拍摄者会涉足很多领域，当然最大的对象是人，周兵拍过《百年人物》，曾经很仔细地观察过近代以来中国最精彩的人；拍过《东方之子》，对于当代名公，也不乏对面请益切磋的机缘；大人物，他拍《周恩来》；普通人，他对准地震中的受灾者和救难者。更难能可贵的是，所有的工作经历中积累的文字、尤其是影像资料，他都做过很好的梳理和研究，他的这种研究绝不是漫无目的的知识累积和工作总结，一份中国文化的影像志和影像述说，一直是他念兹在兹的目标。后来他把工作兴趣逐渐转移到历史文献类纪录片的拍摄，和他自己的这个学术理想有关。

有学问的人做事就不苟且，一个历史文献纪录片的拍摄者，既要用考据家的苛刻严谨对待史实，又要用历史家的细微情感去对历史人物“同情地理解”，更要用艺术家的表达水准去刻画入微，其间的艰苦往往是外人难以想象的，为一集几十分钟的片子，可能要找几百个专家学者、查阅上百万字的资料、观看上万张照片、还要奔波于国内国外各种意想不到的地方。

周兵更是个有机缘的人。

电视圈的朋友们听了这个评价大都会首肯。机缘之来，不可逆料，但也正像庄子讲，物固有所然，物固有所可。文雅的、有学问的人，会把握住一些特别有趣的机缘。

当周兵第一次告诉我他要拍摄《故宫》的时候，我的第一反应是觉得他拍不成，这样一部大型历史文献片，所涉及的人和事之复杂纷繁程度，不仅仅是个单纯创作问题，更是个痛苦的调和过程。我当时没有想到，他不仅拍成了，还继续拍了《台北故宫》、拍《罗浮宫》，我就开始怂恿他：接着拍土耳其的托普卡比宫、俄罗斯的埃尔米塔什（冬宫）……他却很淡然地对我说：看机缘，看机缘。

《故宫》的拍摄成功，让原本就在纪录片领域成绩斐然的周兵站到了中国当代纪录片的最高点。这部片子很难得地做到了故宫满意、专家称赞、领导叫好、群众捧场的效果，据说收视率一度盖过热播电视剧。但我知道，三年中，周兵和自己的团队访问了上千的专家学者，转遍故宫各个角落，以近乎疯狂的方式将从《清史稿》到清宫档案、从方志笔记到文物图册的各种资料堆成山。故宫郑欣淼院长长期倡导“故宫学”，我觉得周兵完全有资格做一个“故宫影像学”的开山。正是艰苦的学术工作，保证了影视作品的艺术质量。

因此，当《台北故宫》的拍摄任务又落到他的头上时，就是非常顺理成章的事情了。由于历史的原因，故宫文物分隔海峡两岸，物质的文物暂时还无法珠还剑合，但虚拟的影像做到了，历史机缘在周兵一个人身上聚拢了，他因此成为一个和宫廷历史文化特别有缘分的人。

再说这本书。

本书应该是周兵《台北故宫》电视工作的副产品，但副产品绝不是等级差一点的意思，书里有个有意思的题目叫《国宝大故事》，当我们在电视面前饶有兴致地观赏周兵展示给我们的国宝时，不妨绕到电视背后，看看这人如何用另一种方法讲故事，也非常有趣。

第一次为周兵的片子撰稿是《梅兰芳》，我当时很不理解，“历史”已经烟消云散，如何“纪录”呢？他就给我讲现在大家都已经很普遍接受的“真实再现”、讲电视的基本常识，好在我是个还算谦虚的人，由于认真学习，勉为其难地完成了。他对我说，纪录片导演和学者的合作非常不容易，意见分歧经常导致双方各是其是，不欢而散，因为表述方式不一样，理解角度自然也不一样。每当这时，他就有自己想写书的冲动——对此我非常理解，每当我对他有所腹诽时，也有想当导演的冲动——我们不妨把这本书当作他冲动的后果。所以这本书的第一个特点，它是制像者的话语，一个图像本位主义者的发言。

这本书的第二个特点是有比较实在的功用，就是当你看《台北故宫》时，可以把书摊开在膝头，眼睛在电视和纸张间游移，这省去了你做笔记的麻烦、听陌生历史名物的疑惑，也不妨给字幕挑错别字。在我看来，看《故宫》或《台北故宫》（包括将来的《罗浮宫》）这样的片子，应该像听领导讲话一样，先拿个本子。图文并茂的享受是我们这个时代最基本的乐趣之一，周兵两者都提供。

我一直顽固地认为，长期被看作文化“普及”的工作，应该是最有学问的人才有资格做的，就像贡布里希的《艺术的故事》那样的书，我们的大多数学者目前还不会写，这也是为什么周兵等导演要和学者产生分歧的地方。深刻和繁冗都化约为简捷和明确的时候，学术才算合格。顺便说一下，周兵是历史学博士，也是学者。因此本书的第三个特点，就是在我们还没有自己的贡布里希的时候，不妨用周兵作替代品。反正它会强过许多学者不用心编的“普及读物”。

人各有专擅，是现代社会的特征之一，同时也是许多人与事扞隔不通的原因。然千途异唱，会归同致，苟悠然有会于我心，则无论文字影像，说经棒喝，都不妨。

因说其人其书如此。

前　言

周　兵

为什么一些记忆值得人们去珍视？

为什么一段历史总被人们说起？

为什么一种怀念总是游荡在一些人的情感里？

我们的记忆其实是历史中的一种碎片，看起来似乎很完整，然而是什么在串起它，并深入我们的内心，总也挥之不去。

台北故宫博物院是现实的存在，也是历史的一种怀念与情绪。

2005年《故宫》播出时，我曾经写下这样的话："就电视创作领域而言，我们试图改变些什么；就文化传承而言，我们是中华文明薪火相传的一份子。"2009年我们的愿望再一次得到了延续，这就是电视纪录片《台北故宫》的诞生。从《故宫》到《台北故宫》就像一个文化工程的传递。

用电视纪录片的形式来表现台北故宫，实际上是在表达我们对中国传统文化的关切和了解，并把这个过程中的收获通过纪录片传递出去。而用文字的书写则是试图让更多的人解读那些久远历史带来的一些文化行为的信息。

60年前，中国内地的那场战争使60多万件的珍宝漂洋过海，到台湾这块土地上，几经颠沛流离。在台湾的基隆海港，台中的山村北沟，台北的外双溪，都曾留下这些珍宝的足迹，本书不仅仅记录那一件件国宝的运离、迁转、颠沛，展示它们曾经的传奇和现在的精彩，而且要讲述一些震荡中国人心灵和情感的故事，更要表达一些隐藏在我们内心的某种情感，某些可以拨动起来的心结，某些你不得不面对的真相。

这些记忆和叙述不仅仅是海峡这边大陆人的记忆，也是海峡对岸台湾人的记忆，也是全球华人的共同记忆和情怀。

希望这本书能给您带来真实、自然、亲切之感，能让您安静下来细细品味中国人曾经拥有的艺术精神与人文故事，更希望它能对两岸的理解、交流、和谐有一些积极之用。

让自己的心绪慢下来之后进入这些记忆的碎片吧，其中有优美，也有伤感；还有心弦一动后的感怀！

台北故宫

國寶
大迁移
第一章
壹

國寶
六君子
第二章
贰

国寶
在台湾
第三章
叁

國寶
大故事
第四章
肆

國寶
大迁移
第一章
壹

在这个地球上，人类的文明史上，总会发生一些让人惊奇和感叹的事情。下面讲述的这七个故事，就是属于这一类的。20世纪初，中国人为了民族的危亡和生存，焦虑、奋争、寻找出路。最后，不得不面对一场8年的战争。其间还伴随着一段转移国宝的艰辛历程，成为一个多世纪以来，中国人总会在某个时刻提起的故事。1945年，抗战结束了，但国宝颠沛的故事并没有结束。很快，国共内战，使这批珍宝继续流离。我们今天很难用过去那个时代的是与非、功与过，来评价这个故事。我想当年那些前辈们，冒着生命危险，千辛万苦地转移这些国宝，不仅仅是因为它们价值连城、精美、好看。在这些宝物身上，是不是也包含着中国人的一份情感寄托、文化寄托。或许他们通过这样的行为，试图保护和传承，中国人数千年来创造出来的那种生活方式和态度。在有形的物质文化遗产中，有太多太丰富的、无形的精神遗产，需要我们去琢磨、

故宫博物院

传承。今天，中国人依然面临着心灵的文化颠沛和危机，还会有不少故事继续发生着。我们期待这些珍宝所传递出的优美、宁静、高远之人文精神，能在当代中国人的内心，真正的安家落户。

1925年11月5日，初冬的萧索之气已经开始在北平漫延。就在这一天，中国最后一位皇帝溥仪被冯玉祥的军队赶出了紫禁城。去时仓皇，宣统帝手里的苹果还没吃完。“清室善后委员会”的事务员后来清点文物时，在储秀宫的地上发现了这半个苹果。

宣统帝没能带走他的苹果，带走的是紫禁城里的一些皇室宝藏，却留下了故宫里的艺术珍藏，从此人人都有机会亲眼目睹这些国宝。然而命运多舛，缘聚缘散，珍宝仿佛总是免不了要有一段流离的日子。此后的20年，烽烟四起。为躲避战火，故宫文物南移、西迁、东归、北运，直至远去台湾。颠沛流离之中，一场世界文化史上时间最长、规模最大、最具艰辛的文物迁徙之旅完成了。从此中国有了两座故宫博物院，一座在台北，一座在北京，各自怀着曾经相聚在一起的珍宝，隔海相望。

故宫博物院

南迁避战火

1931年，“九一八”爆发，离东北只有200多公里的北平处于危险之中。如果这座文化古城沦陷，不仅人民受难，许多文物也将遭受不可估量的损失。当时的国民党政府为此制定了周密的抢运计划，决定转移故宫文物至内地保存。

抢运计划不可谓不好，然而就算在这样的危机关头，人与人之间的争斗也从来没有停止过。国宝的迁移牵扯到太多人的利益，抢运计划一经提出，便引起各方争议。国民党元老张继主张迁往西安，故宫博物院院长易培基主张转至上海。而北平各阶层及普通市民则反对国宝南迁，他们认为文物固然重要，却比不上国土和人民，这时迁走文物，无疑会动摇人心，而且古物一散不可复合，南迁会造成文物失散。当时不仅有以周肇祥为首的“北平市民众保护古物协会”公开表示将以武力阻止南迁，故宫博物院的工作人员还经常接到恐吓电话：“你是不是要担任押运古物的工作？当心你的命！”

这中间还发生过一件更为荒唐的事情。1932年8月，北平政务委员会召开会议，原本是为研究如何保护故宫国宝一事，没想到与会人员不仅不对如何更好地保护国宝提出建议，反而形成了拍卖文物以购买500架飞机抗敌的荒谬决议。吓得易培基和其他博物院领导四处奔走呼吁，在张学良、蒋伯诚以及社会各界人士的阻止和反对下，拍卖文物的风波才得以平息。

文物抢运计划直至1933年初仍未能正式实施。期间，故宫博物院的工作人员一直在进行整理、挑选、装箱的工作。为防止文物途中破损，装箱是个相当重要的技术活。古籍文献好装，瓷器、玉器、青铜器等易碎易变形文物就需要特别小心了。故宫为此专门请来了琉璃厂的老古玩商传授包装技术，又仔细观察江西景德镇运送瓷器时的捆扎方法。每件国宝均以数层纸张包裹，外面再用草绳层层缠紧，依次装箱后，在空隙间塞满棉花，然后钉箱盖，贴封条。为做到万无一失，工作人员特意买来许多普通瓷器反复作实验，确定无一损坏，才开始用这样的程序装箱。装了几箱之后，大家总结出了四字真言：“稳、准、隔、紧”。庄严先生这样解释前两个字：“所谓稳者，不外小心是也；所谓准者，换言之即为正确，没有错误。”而对于后两个字，那志良先生也有叙述：“一个是紧，一个是隔离，每捆瓷器捆扎紧紧的，捆与捆之间用稻草谷壳，塞得紧紧的，便少有破碎之虞。”后来，整个南迁历时10余年，数十万件国宝历经波折，但受损者几乎没有。

这些箱子从20世纪30年代被制作出来存放紫禁城里的文物，在大陆颠沛流离了15年之后，又被运去了台湾。

第一次迁移：从北平到上海

1933年1月，日军进入山海关，局势险恶，迁移文物势在必行。代理行政院长宋子文代表政府作出“北平安静，原物仍运还”的承诺，并最终决定将文物迁往上海。

决定一出，周肇祥等人便放出话来，说只要文物列车启运，就会有人在铁路沿线埋炸弹炸毁列车，同时还阻挠司机和搬运工人前往故宫运送文物。无奈之下，易培基只得给故宫博物院理事会秘书长李宗桐打电报陈述原委，李向代理行政院长宋子文请示，宋又电告北平市长周大文，周大文派法警将周肇祥密捕，直到文物运出北平10天之后才把他放出来。

1933年2月4日，故宫博物院院长秘书吴瀛接到文物准备起运的通知，前往故宫待命。临行前，妻子问他会去哪儿？他摇头不能作答。不仅他不知道，当时的故宫工作人员谁也说不清楚自己和国宝的最终去向。

2月5日中午，大批板车拖进神武门，日落时分，从紫禁城到车站开始全面戒严，文物在天黑以后正式启运。沿途军警林立，街上空无一人，除了板车急驰的辘辘声，听不到一点别的声音。那时谁也没有想到，这一去，从此关山万里，海天相隔，他们以及 19557 箱文物就再也没有回到故地。

2 月 6 日清晨，两列火车从北平西站出发，开往浦口。18 节车厢上装着长三尺，宽、高各一尺半，浮贴着封条的 2000 余口木箱。木箱里除故宫的珍贵文献、书画、档案珍本外，还包括无价之宝——全套文渊阁《四库全书》。列车开启，沿途有各地方军队保护，车顶四周架机关枪，车厢内遍布持枪宪警。此外还有张学良的马队随车驰聚，警戒护卫。除特别快车外，其余列车都要让道给文物列车先行。重要关口，车内熄灯。

这是国宝在长达 16 年的迁徙中待遇最好的一次。此后条件日劣，再没有更多的人力物力可用以保护迁移的文物。虽如此，所有文物仍无一损毁或丢失。

为防日军轰炸，列车绕开天津，由平汉线转陇海路再转津浦线，一路上只在添水加煤时才停车。车一停，押运人员赶快下车，把每列车厢上的封条检查一遍。列车最终到达浦口后发现，由于此行仓促，浦口根本没找到适合保存文物的地点，所有文物必须留在火车上，而火车上的条件不可能长期保存娇贵的古籍善本、书画文献。负责押运的吴瀛、那志良和同事们心急如焚地等了足足一个月之后，才得到将文物转运上海的指示。

參加倫敦中國藝術國際展覽會其他類總目

名稱	件數	頁數
一 織繡	二十九件	一
二 玉器	七十件	六
三 景泰藍	十六件	一六
四 剔紅	四件	一九
五 摺扇	二十柄	二〇
六 珍本古書	三十種（尚有二十種未到）	二四
總共壹百陸拾玖件		

參加倫敦中國藝術國際展覽會書畫總目

名稱	件數	頁數
一 唐代書畫	三件	一
二 五代書畫	二件	一
三 宋代書畫	五十五件	二
四 元代書畫	四十一件	一五
五 明代書畫	四十三件	二三
六 清代書畫	二十九件	三一
總共壹百柒拾叁件		

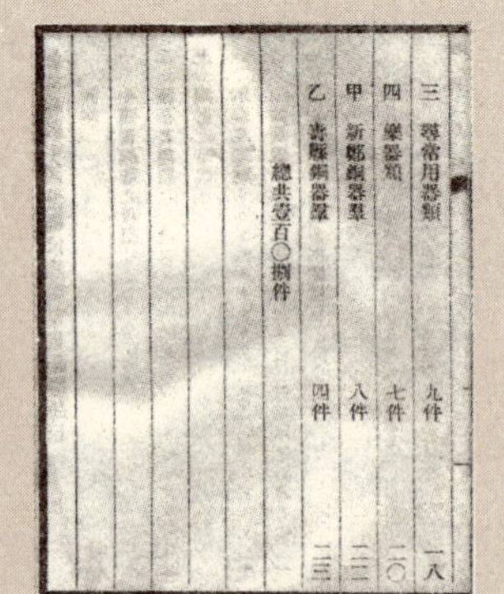

三 尋常用器類	九件	一八
四 樂器類	七件	二〇
甲 新鄭銅器羣	八件	二三
乙 壽縣銅器羣	四件	二三
總共壹百〇捌件		

參加倫敦中國藝術國際展覽會銅器總目

說明	件數	頁數
一 中國青銅器之起原		一
二 銅器之種類		一
三 銅器之時代		一
四 銅器之地域		二
五 中國銅器在藝術上之價值		二
六 中國銅器在史料上之價值		四
七 本次出品概要		四
一 烹飪器及食器類	三十八件	六
二 容器溫器及飲器類	四十二件	一二

参加伦敦中国艺术展览会出品目录

国宝最终存放于上海天主堂街仁济医院及四川路业广公司内，北京故宫博物院驻沪办事处随之成立。此后，又有包括瓷器、玉器、铜器、书画、文献、档案等精品在内的四批文物陆续运到上海，前后总共 5 批合计 19557 箱。文物在上海保存了 4 年，其间还挑选了 80 箱精华之物，前往英国举办“伦敦中国艺术国际展览会”，轰动一时。

文物暂时脱离危险之后，人与人之间的斗争又继续上演。数月前，国民党元老张继与故宫博物院院长易培基为国宝去向而引发的矛盾，以易培基获胜告终。现在张继夫妇又串通最高法院指控易培基私占故宫宝物，同时以妨害秘密罪控告吴瀛。张继的后台是汪精卫，易培基的后台是吴稚晖、李石曾等。双方都搬出自己的后台，两人之争演变成两派之争，最终张继一方占了上风，易培基被迫引咎辞职，吴瀛携家眷黯然南下，新院长马衡走马上任开始主持上海方面工作。

1936 年 11 月，国民党政府在南京朝天宫建成库房，准备将存沪文物运至南京保存。12 月，文物依然分作 5 批运抵南京，同时工作人员开始计划举办大型展览。没想到第二年 7 月卢沟桥事变爆发，北平沦陷，8 月，上海沦陷，南京危急。展览一事被搁置，抢运文物至安全地带的问题又被提到日程上来。

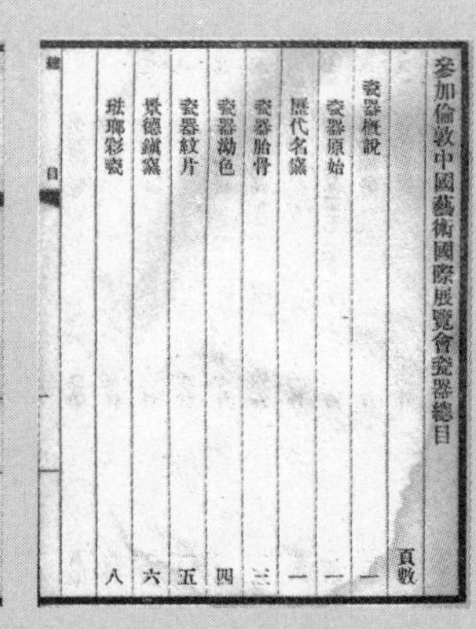

參加倫敦中國藝術國際展覽會瓷器總目

瓷器概說

倫敦中國藝術國際展覽會籌備委員會

專門委員郭葆昌述

瓷器原始

中國古用陶器、厥後精進爲瓷。陶與瓷雖同由埏埴煅鍊所成、而其原質迥異。陶質爲土、土之用隨在可資、故產陶之地極廣。瓷則必採石製泥爲之、其原質復有美有惡、故產瓷有一定區域、而品類亦有精粗之別。

瓷字說文、本無、見徐鉉新附四百一字中。蓋漢世尚無其物、未制其字也。此字始見晉呂忱字

瓷器概說

參加倫敦中國藝術國際展覽會瓷器總目

	頁數
瓷器概說	一
瓷器原始	一
歷代名窯	一
瓷器胎骨	三
瓷器釉色	四
瓷器紋片	五
景德鎮窯	六
琺瑯彩瓷	八

總目

	名稱	件數	頁數
一	宋定窯	四件	一一
二	宋鈞窯	十二件	一一
三	宋汝窯	十件	一三
四	宋官窯	十七件	一五
五	宋龍泉窯	四件	一八
六	宋哥窯	十三件	一八
七	宋章龍泉窯（卽弟窯）	一件	二〇
八	宋建陽窯	三件	二〇
九	南宋官窯	十六件	二一
一〇	南宋吉州窯	十五件	二三

	名稱	件數	頁數
一一	金宿州窯	四件	二五
一二	金平定窯	一件	二六
一三	南宋餘姚窯	一件	二六
一四	南宋餘杭窯	一件	二六
一五	南宋湘湖窯	二件	二六
一六	南宋郊壇下官窯	五件	二六
一七	南宋廣窯	三件	二七
一八	元彭窯	七件	二八
一九	元臨川窯	三件	二八
二〇	元樞府窯	一件	二九
二一	明處州窯	四件	二九

總目

第二次迁移：三路转运大后方

日军入侵，国军节节败退，国民党政府决定迁都重庆，并下令转移文物。同时撤运所有文物来不及，就由工作人员分三队带着文物沿南、中、北三路运往大后方。1937 年 8 月，故宫文物迁移中最艰难的一段日子开始了。

南路：南京——汉口——长沙——贵阳——安顺

押运人员：庄严、曾湛瑶、那志良、朱家济、李光第、郑世文

1937 年 8 月 14 日，招商局“建国轮”装上首批西迁文物 80 余箱（主要包括曾送往伦敦展览的精品）由南京水路运至汉口，然后转汽车抵长沙，存放在湖南大学图书馆的地下室。故宫博物院院长马衡计划在附近的山上开一个山洞来贮放文物。计划还未实施，日军开始对湖北、湖南轮番轰炸，长沙危险，行政院赶紧下令将文物迁至贵阳。这次的迁移非常及时，迁走不到一个月，湖南大学图书馆就被敌机炸平了。幸而文物已及早转移，没有任何损失。

南路迁运路线非常曲折。因当年的湘西一带时有土匪抢劫，为文物安全，湖南公路局先派出 10 辆汽车绕道广西桂林、柳州，车至广西边境，由广西公路局派卡车接运。到贵州边境，再换贵州公路局车辆。1938 年 1 月车到贵阳，11 月文物转移到更为安全的安顺华严洞储存，并成立故宫博物院驻安顺办事处。1939 年 4 月 13 日，南京古物保存所的文物 5 箱包含秦汉古剑等珍贵文物计 118 件也移藏华严洞。

在安顺一呆，就是 6 年。庄严的儿子庄灵便出生于贵阳，第二年跟文物一起迁到安顺。那时的贵州条件非常差，有俗语称其为“地无三里平，天无三日晴，人无三两银”。据庄灵后来回忆，抗战时期，故宫博物院的薪水时常发不下来。他母亲，即庄严的妻子需要外出兼职以贴补家用。兼职处在离家四五里远的钱江中学，庄严的妻子走路去那里教书，换回一担谷子，再找人碾成米。每天吃的糙米饭里面还掺有石子、谷壳、麦子、虫子，被故宫博物院的工作人员戏称为“八宝饭”，菜就是辣椒粉拌酱油，衣服洗了补，补了洗，破破烂烂。有趣的是，等他们离开安顺回南京时，居然还摆摊想要卖掉这些衣服。更让人大跌眼镜的是，这些破旧的衣服，最后居然都卖出去了。条件这样艰苦，工作人员也没有怨言，抗战胜利后安顺的文物运往重庆集中，经清点，无一毁损。

中路：南京——汉口——宜昌——重庆——宜宾——乐山安古镇

押运人员：马衡、杭立武、吴玉璋、牛德明、李光第、徐森玉、朱学侃、刘官鄂、梁廷炜

中路的第三批文物启运之时，正是南京最恐慌的时候，杭立武就是在这个危机关头，正式加入到迁运文物的行列中来的。

此前，杭立武与故宫博物院并无任何关系，他那时担任中国人权协会理事长一职，正在形势紧张的南京办难民区，收容老幼妇孺以免于战火。南京市长找到他，希望把朝天宫的文物库房也划进难民区范围内以保护文物。杭立武觉得此法不妥，便向当时国防最高委员会的张岳军秘书长建议向后方疏散文物。张岳军急电蒋介石，第二日得到回电，同意文物转运后方，并嘱杭立武负责。杭立武把难民区的事交给德国副主任，义

西迁装箱

无反顾地投身到故宫博物院文物迁运的行动中。这一来，余生就与故宫文物结下了不解之缘，此后的文物迁台，也由他负责主持。

南京此时一片混乱，敌机频频轰炸，筹措车船困难重重。有时就算在车上贴了国防委的标签，也会半路给人抢了去。杭立武几经周折，租到了英国的商船“黄埔轮”。

一听说有船可以去汉口，故宫工作人员立即先抢运了2000多箱文物上船。押船的人也是临时派的，必须在几个小时之内，回去携眷属整行李。单身人士还好点儿，有家的不免手忙脚乱。有人回家一看，什么都不舍得丢下，又拿不走，最后只带了桌上放着的一把摺扇。还有的不知到底该带什么，情急之下，竟然与太太一起背了家里的一张方桌出来。等同事们问他带这个干什么？他又慌乱地想要背回去，最后只好把桌子扔在了码头上。这些还算好，毕竟是一家人还在一起，而有的人就没那么幸运了。比如梁廷炜，自己负责中路文物的押运，儿子梁匡忠却是跟着最危险的北路一起出发的。

文物迁移线路图（一）

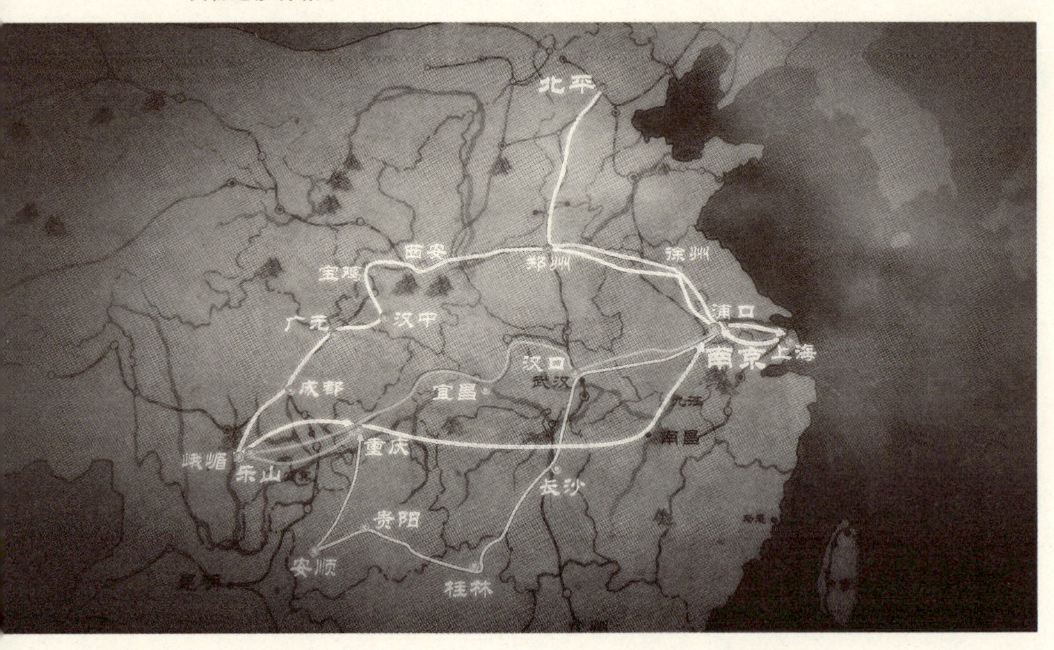

这时日军已到南京城边，成千上万的人想要离开。难民们纷纷涌向“黄埔轮”，英商看到这种情形，害怕被日军轰炸，一度拒绝开船，称除非杭立武与船一起走，否则没人敢负这个责任。杭立武毅然决定随同文物一起前往汉口，甚至来不及与家人告别。因难民太多，杭立武上不了船，只好用吊绳把他吊上去。

文物到达汉口不久，南京沦陷，汉口也随时有被轰炸的危险。此时国民党政府迁往重庆，为确保安全，存汉口文物不得不仓促运往宜昌，后又分批运抵重庆。由于文物数量大，直到1938年5月才全部运抵重庆。之后院长马衡及办事人员先后到达，成立故宫博物院重庆办事处。

运抵重庆的文物有9369箱，多为字画。仓库要找隐蔽性好的、结实的，最终选择了三处存放点。第一处是川康洋行二楼仓库，即今天的渝中区打铜街邮局大楼，这在当时是很好的建筑。第二处是吉时洋行仓库，位于南岸王家沱。第三处在南岸狮子山的安达森洋行仓库，安达森是瑞典人，他的仓库高大牢固。故宫博物院重庆办事处在那里共租用了4个仓库，存放了近4000箱文物。

不久，日军开始空袭重庆。据安达森洋行当年的工人回忆，每当日机来轰炸时，安达森就叫工人把瑞典国旗在门口的旗杆上升起来，以求安全。其实日军未必看得见这面小小的国旗。但幸运的是，藏于安达森洋行的这批文物毫发无损。尽管如此，重庆已不安全，文物又向乐山转移。途中，故宫博物院职员朱学侃察看舱位大小时，失足跌入未盖的舱口内，重伤身亡，成为为保存文物献身的第一人。1939年9月，故宫博物院乐山办事处成立。

故宫工作人员在乐山的日子，与其他同事在安顺、在峨眉的日子一样，艰苦但充实。梁匡忠也赶来和父亲会合了。从南京到宝鸡再到乐山，10多岁的梁匡忠一直在路上，每个地方停留的时间都不长，没有办法好好读书。好不容易在四川与父亲团聚，但梁廷炜一个人的收入不但不能负担3个儿子的学费，连生活费都有些捉襟见肘。无奈之下，17岁的梁匡忠决定不读书了，经乐山办事处主任介绍，于1941年7月正式进入故宫博物院，担任看管库房的工作。其实早在一两年前，因为乐山办事处人手不够，找外人又怕影响文物安全，个子很高，外表看上去比实际年龄成熟的梁匡忠就开始帮着身边的大人们做事了。当时他做的工作叫“对签子”。一根竹签代表一箱文物，当文物从此地运到彼地时，交付了签子，就代表一箱文物安全送达。让梁匡忠欣慰的是，他从未丢失一个签子。在乐山的库房干了不到一年，由于峨眉办事处的库房缺人，梁匡忠又被调到那里，峨眉办事处的主任正是那志良先生。

多年后梁匡忠对自己的儿子梁金生回忆这一段经历，说：“1937 年春节是在北平过的；1938 年春节在宝鸡过，1939 年春节在陕西褒城县（现汉中市勉县）过，1940 年春节在乐山过。”因为不知道何年何月才能返回故土，在别人的介绍下，梁匡忠与当地的姑娘结婚成了家。也许是为了纪念跟随国宝奔波的岁月，子女们的名字与故宫文物的迁徙地息息相关：长子在峨眉出生，叫梁峨生；二女在乐山出生，叫梁嘉生（乐山古称嘉定）；后面两个孩子，是抗战胜利后，文物返运南京后出生的，所以分别叫梁金生和梁宁生；1953 年开始，故宫文物陆续北返，梁匡忠调回北京工作，又有了一个小儿子，取名梁燕生。

西迁车队途经陕西明月峡

年轻的梁匡忠在峨眉已经独立看管文物，当乐山有需要时他还要回去帮忙。当时一个库房除一个职员和一个工友看管外，还有士兵把守。国民党政府也非常重视文物的安全。在陕西的时候，除了步兵保护，库房的所在地还有宪兵把守。到四川后，由蒋介石的特务团来看守库房。

北路：南京——徐州——郑州——西安——宝鸡——汉中——峨眉

押运人员：马彦祥、王志鸿、吴玉璋、蒋鼎文、那志良、黄贵生、梁匡忠

北路是三路中最为艰辛的路线。

北路的启运开始于1937年11月，那时南京一片混乱，调度车船极其困难，抢运装箱也异常艰苦。工作人员只能以车站为家，有车来了，就跳起来装箱，遇到警报，只能就地躲在车下，最后总算运出了7281箱文物。

文物经徐州、郑州到达宝鸡后，潼关形势突然紧张，文物又马上转移汉中。宝鸡到汉中没有火车，须用汽车运载。当时负责押运的那志良一算，7000多箱文物，需要至少300辆车次，战火之中，实属不可能完成的任务。经多方联系，西安行营伸出援助之手，答应把文物的运输列在军运之内，车辆问题才算解决。

正式启运了，那志良他们发现，车辆问题其实还是个小问题，真正的难题还在后面。宝鸡到汉中，要翻越海拔3000米的秦岭，其时正值冬季，山上时常下雪，路陡山滑，有些危险，而且公路正在翻修，随处堆有石子，行车不便。初运的几批，倒也顺利，到第四批车时便发生了问题。

第四批车队出发后，天开始下大雪，山路塌方。据说普通车辆仍可前行，但因车上载有文物，车队不敢冒险，于是停在途中一个小村庄里，想等雪住之后再向前进。不料雪越下越大，车队被困在村子里，动弹不得。因为平时从宝鸡到汉中只有一天的路程，所以车队没带多少食物。小村子倒是有一家饭铺，但太小，哪能供给这么多人，车队

西迁车队由汉中至成都途中

西迁车队途经川峡公路

面临断炊之虞。

消息由过路的商车带回来，那志良赶紧去买了大批食物，准备自己亲自送上山去。吴玉璋阻止他，说：“你去不得，这是一件危险的事，而你是这里的主持人,你不能出事,我去。”西安行营的杨崇耀副官也说：“吴先生去，我陪。”

食物有了，人也有了，却因山路太过危险，找不到司机。重赏之下，终于有司机愿往。此时山中积雪甚厚，无法辨认道路，山上山下，只见一片茫茫白色，好几次车子开到山岩边才紧急刹车。这一路，不但司机全神贯注，注视前方，吴、杨两位先生也时刻提醒司机，哪里有深坑，哪里有块大石。总算是托天之福，平安地到达目的地，司机所穿厚厚的衣服，一半已被汗水湿透了。以后的雪，仍是时时在落，车子总是在轮胎上挂着铁链行驶。

最终粮食运到，第四批车队也圆满地完成了任务。

1938年4月，文物全部运抵汉中，大家一口气还没喘过来，就听到敌机轰炸汉中机场的消息，文物被迫再次离开。刚离开汉中，汉中便遭敌机轰炸，原储存文物的库房，也中弹炸毁。此时看来看去，只有西南还算相对安全，行政院一个命令下来，文物转运成都。

据那志良后来回忆说，“汉中到成都有500多公里，全靠汽车运输。途中有5个渡口，没有桥梁，必须用木船载汽车过河。汽车上船后，用人力把木船向上游拉一段路程，再放了绳索，任其顺流而下，借水势拢到对岸”。

那志良原本估计，这样的行程，每一车次需要两天时间。没想到所有的文物花了10个月才全部到达成都。一路上真是艰险重重：找不到车，找到车却没有汽油，进入四川之后蜀道难于上青天，乃至途中频频翻车……至于沿途吃、住之苦更不在话下：黑米饭，馊馒头拉得出“丝”，旅馆满是臭虫，洗手间设在猪圈里……好不容易抵达成都之后，重庆被炸，成都也不安全，文物再次往150公里外的峨眉运送，最后终于在峨眉安定下来，成立了故宫博物院峨眉办事处。

19557箱文物精华，就这样穿越遍地烽火，各自找到隐蔽处喘息稍歇。途中翻车翻船，惊险无数，却又总是死里逃生，人、物无恙。那志良后来曾回忆说："我这才开始相信古物有灵，否则大家为什么总能在敌机轰炸，千钧一发时安然离去，翻车、翻船也都平安无事？"甚至在文物东归的路上，也是如此。1946年1月，文物开始运回南京。这其中有10个石鼓，可能是西周的，年代最晚也应该是秦代，其价值不可估量。在黔江到龙潭的一段下坡山路上，装有石鼓的汽车司机为了省油，将油门关掉，任由车子按惯性往下冲。谁知在一个弯路处突然对面有一辆汽车开来，司机赶紧把方向盘一转，碰上了山头，于是他又再往反方向转动方向盘，车到崖边，翻进了山涧。幸运的是，首先人在车掉崖之前跳了出来，没有受伤，其次由于石鼓本身很沉，所以仅放在车上，没有用绳索捆扎。第一次翻车，车底朝天时，石鼓已经落到地上，第二次车子再翻，落入山涧时，石鼓仍在地上。如果当时将石鼓和车子捆在一起，这件稀世文物就一定被毁了。

1945年8月，抗战胜利，分散在安顺、峨眉、乐山的文物又集中到了重庆，等待长江水涨，能行大船，"即从巴峡穿巫峡"，越长江三峡运回南京。

在重庆等了3个月。这期间工作人员谁也没闲着，新任务是——捉白蚁！每天早上8点开始，每人拿着棉垫、手电筒进入库房，跪在垫子上，打着手电筒寻找地上的白蚁隧道。一旦发现，马上卸下箱子，在地上挖个坑，倒入防蚁药水，再把箱子搬回原处。一天两次，实在是烦人。但是因为战事终于结束，回乡在望，文物也完好无损，大家心里都非常高兴，捉起白蚁来也劲头十足。

1947年12月9日，凝聚着中华民族几千年文化之魂的国之瑰宝终于回到了南京朝天宫。第二年春天，胜利后的第一次文物展揭幕，人们从四面八方赶来欣赏这批历经战火，却毫发无损的国宝。那时候谁也没有想到，这批文物注定是要远离故土的，仅仅一年之后，它们又一次踏上远去的旅程，并且再也没有回来。

从大陆到台湾

1947年12月，文物回到南京，存放在朝天宫库房。故宫博物院南京分院办公处也设置在那里。朝天宫旁边有一座冶山，山下平坦处修建了工作人员的宿舍。宿舍都是铁皮的活动房子，底下打桩，铁皮屋就立在木桩上，既可通风，人也可以弯腰钻进去，颇得孩子们的喜欢。铁皮屋冬冷夏热，并不适宜长期居住。条件虽艰苦，但在南京的这一年，倒是文物和人都相对比较安稳的一年。

这年的春天，中央博物院第一期工程在南京中山门内半山园竣工。中央博物院是1933年由蔡元培先生倡议成立的，刚在南京鸡鸣寺设立了筹备处，还未正式开始运行，抗战爆发，中博的文物与故宫文物一道四处漂泊，又一道东归南京，并于5月29日至6月8日，联合故宫博物院一起在中博新馆内举办了两院联合展览。故宫展出历代名画和名窑瓷器，中博展出殷周铜器、汉代文物、历代帝王像、边疆民族标本和印度名画等。此次展览吸引了10万多名观众，包括国民政府监察院院长、著名书法家于右任。开展的第二天，蒋介石也在故宫博物院院长马衡的陪同下来到

南京朝天宫文物保存库

南京朝天宫文物保存库库门

故宫博物院与中央博物院筹备处同仁于联合展览会场合影(前排左五为马衡院长)

展场，并在司母戊大方鼎前停留了许久。

原本的计划是将文物运回北京，但战争的爆发使北运计划搁置下来。徐蚌会战，解放军取得了决定性的胜利。国民党政府危险的局势让杭立武心急如焚。这时的他已经担任了国民政府教育部政务次长、故宫博物院理事会理事等职务。作为抗战时期文物战略性大转移的负责人之一，杭立武忧心的并不是个人安危，而是那一批他为之尝艰辛、历磨难，九死一生而从不生悔的故宫国宝。

翁文灏，1889 年出生于浙江瑾县，中国近代地质学奠基人之一，中国第一位地质学博士（比利时鲁凡大学），第一个撰写《中国矿产志》、编成第一张全国地质图的人，他主导发现及开采了中国第一个油田——玉门油田。

翁文灏此时正处于他人生中最焦头烂额的时候。这位在国内、国际学术界均享有极高声望的学者，不知怎么回事，在 1948 年 5 月，居然被蒋介石拉进了国民政府行政院，成为“行宪”后的第一任行政院长，当然按惯例，也就同时兼任故宫博物院理事会的理事长。知识分子就是知识分子，翁文灏在任上仅 6 个月，“八一九”币制改革便遭到失败，金圆券大幅贬值，他的内阁也因此而解散。

翁文灏一开始不同意杭立武提出的迁台计划。内阁是 11 月 3 日提出总辞的，杭立武找他商议转移文物时，他还是内阁的行政长官。作为行政长官，翁文灏必然要从全局出发考虑问题。当时徐蚌前线战事激烈，如果这时将大批国宝转移至台湾，消息传出去，民心军心势必动摇。

这个观点，与当初“九一八”之后北平市民反对文物南迁相似。几经考虑，翁文灏也觉得文物迁台是个可行的计划，因此当杭立武提出由他出面主持召集故宫理事会商议此事时，翁文灏同意了。

为慎重起见，正式开会之前，翁文灏把故宫博物院理事会理事，当时中国文化学术界中最具权威的几位人物请到了自己家中，请他们与自己一起来决定文物的最终命运。

1948 年 11 月 10 日，翁文灏、朱家骅、王世杰、傅斯年、徐鸿宝、

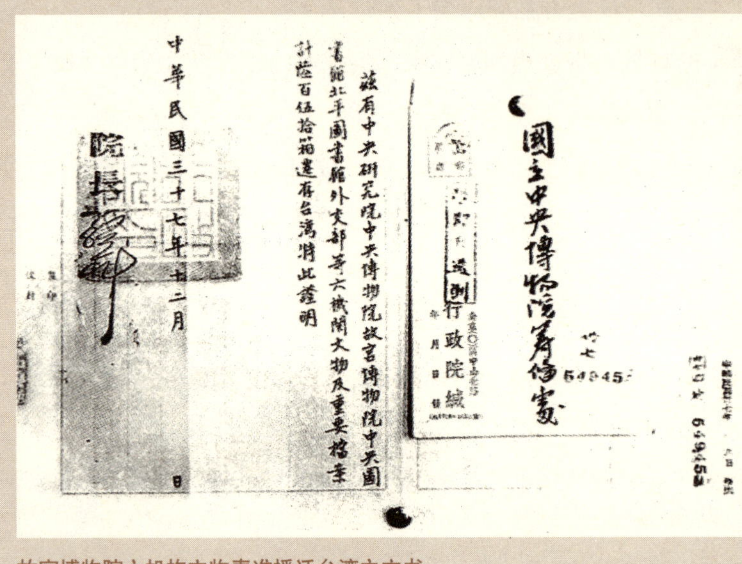

國立中央博物院籌備處

茲有中央研究院中央博物院故宮博物院中央圖書館北平圖書館外交部等六機關文物及重要檔案計叁百伍拾箱運存台灣特此證明

院長 翁

中華民國三十七年十二月 日

故宫博物院六机构文物奉准播迁台湾之文书

中华文物播迁记　杭理事报告

中華文物播遷記

一、杭理事報告

前年十一月間徐蚌不守故宮中博兩院理事以南京有作戰場可能文物安全頗為可慮因有選擇精品運出之議曾由故宮翁理事長詠霓先生在其南京住宅召集一談話會到會者有朱騮先王雪艇傅孟真徐森玉李濟之諸理事及立武當經決定第一次選運精品以六百箱為範圍運台嗣後再經兩院理事會商又陸續運出三千餘箱計故宮共運出二千九百七十二箱中博共運出八百五十二箱合計三千八百二十四箱此外有中央圖書館及北平圖書館之善本圖書外交部之條約档案亦隨同分三批運台每批運後故宮中博兩院均呈報遷運文物清册故宮方面逕行報院中博方面報由本部轉報均有院令備案

文物運台後外交部之档案自行取去惟故宮中博兩院中央北平兩圖書館之文物圖書仍集中一處存於台中去年五月

一二二

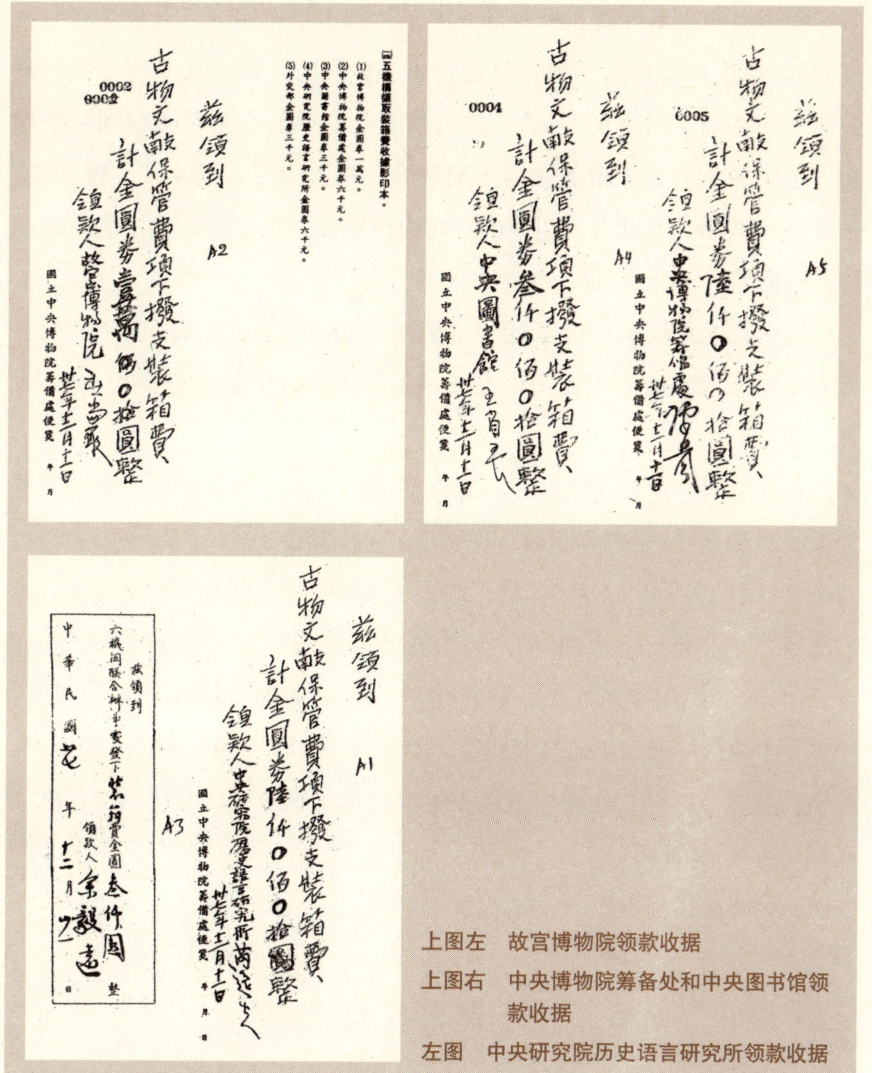
(三)五機構領取裝箱費收據影印本。
(1)故宮博物院金圓券一萬元。
(2)中央博物院籌備處金圓券六千元。
(3)中央圖書館金圓券三千元。
(4)中央研究院歷史語言研究所金圓券六千元。
(5)外交部金圓券三千元。

0002
茲領到
古物文獻保管費項下撥支裝箱費
計金圓券壹萬0佰0拾圓整
領款人故宮博物院
卅七年十二月十一日
國立中央博物院籌備處便箋　年　月　日

0004
茲領到
古物文獻保管費項下撥支裝箱費
計金圓券叁仟0佰0拾圓整
領款人中央圖書館
卅七年十二月十一日
國立中央博物院籌備處便箋　年　月　日

0005
茲領到
古物文獻保管費項下撥支裝箱費
計金圓券陸仟0佰0拾圓整
領款人中央博物院籌備處
卅七年十二月十一日
國立中央博物院籌備處便箋　年　月　日

茲領到
古物文獻保管費項下撥支裝箱費
計金圓券陸仟0佰0拾圓整
領款人中央研究院歷史語言研究所
卅七年十二月十一日
國立中央博物院籌備處便箋　年　月　日

茲領到
六機關聯合辦事處發下裝箱費金圓叁仟圓整
領款人
中華民國　年　十二月　日

上图左　故宫博物院领款收据

上图右　中央博物院筹备处和中央图书馆领款收据

左图　中央研究院历史语言研究所领款收据

李济、蒋复璁和杭立武在翁文灏位于南京的官邸中进行了一次非正式的会谈，并形成了三条决议：1. 故宫文物迅速迁台；2.“中央图书馆”的藏书和文物一并迁台；3. 中央研究院历史语言研究所的图书与文物也一起迁台。

20 多天后，故宫和中央博物院正式举行了关于文物迁台的两院理事联席会议，决定由故宫博物院、中央博物院筹备处、中央图书馆、中央研究院历史语言研究所和外交部5家单位各出一人组成“五机关联合办事处”，全权负责抢运两院文物赴台事宜，同时，国立北平图书馆珍藏的明清绘本和军用地图18箱，国民政府外交部的重要档案和国际条约文本也随同故宫和中博的文物一起运台。这五人是：杭立武、傅斯年、朱家骅、李济、王世杰，其中杭立武担任主任，负责筹款、接洽商船和协调运输等。

杭立武向行政院申请了运输费金圆券28000元，分配如下：故宫1万元、中博筹备处6千元、中央图书馆3千元，中研院史语所6千元、外交部3千元。

若在平时，这钱也就够了。但这是战时，本身物价就极不稳定，兼之币制改革失败，金圆券随时都在贬值。金圆券由1948年8月开始发行，两个月后的1948年10月11日，北平《益世报》上便有一条消息称：币制改革以来，物价上涨10倍，北大教师为饥寒所迫，不得已只好自10月28日起，忍痛停教5天，进行借贷，以维持生计。到1949年5月，一石大米的价格就要4亿多金圆券，等到1949年7月金圆券停止流通时，贬值已超过2万倍。如何尽量地安排好这每天都在贬值的运输费，杭立武真是绞尽了脑汁。

抢运开始了。

第三次迁移：风雨中鼎轮

1948年12月21日，又是一个萧瑟的冬日，国民党海军“中鼎号”运输舰悄然驶进南京下关码头。11年前，为躲避日寇的烧杀抢掠，南迁文物也是从下关码头出发的。同样的码头，同样的冬日，甚至连人都一样——杭立武。不同的是，当年的目的地是西南大后方，这次的目的地是台湾北部的基隆港码头，一个对很多人来说完全陌生的地方。

由于当时战事吃紧，国军全线溃败，海军总司令桂永清实在派不出更多的军舰来。唯一的中鼎轮，还是由登陆艇改装的平底船，经不起太大的风浪，海上航行有一定风险。虽如此，中鼎轮将去台湾的消息一传到国民党海军总司令部，海军总部的官兵和家属们还是立即赶到下关码头，一拥而上，人和行李马上将这艘运输舰占满了。任凭中鼎轮的官兵和故宫方面负责押运文物的庄严、刘奉璋等人如何劝阻，没有人愿意下船。

文物搬运不到船上，杭立武焦急万分，他打电话给海军总部。不一会，桂永清赶到，登上军舰亲自劝说大家以文物为重，并保证官兵和家属都能安全撤离。海军总司令的劝说起了效果，人们终于下了船，把先走的机会让给了文物。

12 月 22 日清晨，中鼎轮起航。船上装着 712 箱精心挑选，价值连城的精品文物，分别来自故宫博物院 320 箱、中央博物院筹备处 212 箱、中央图书馆 60 箱、中央研究院历史语言研究所 120 箱，另有外交部重要档案 60 箱。文物都放在中间的大舱，一个一个的木箱摞起来，用绳子固定住，上面包着油布。在海上航行的那几天里，一部分工作人员晚上就用梯子爬上去，睡在文物箱子上面。押运总负责人由李济之担任，其他专家分别是：故宫的庄严、刘奉璋、早若侠、黄坚，中博筹备处的谭旦冏、麦志诚，中图的王省吾，中研院史语所的李光宇。此外，专家们的家属也随同一起前往台湾。为使家属们的随船更名正言顺，文物小组给他们安上了工作人员的名号。比如庄严的几个儿子，小的不过十来岁，也都是文物押运员。

12 月的台湾海峡，风浪很大，还时有大雨。中鼎轮是平底船，在江河中行驶还算平稳，到了海上颠簸得厉害，很多人都晕船，严重的到后来已经吐无可吐，吐出来的全是胃酸。最有趣的是，桂永清没上船，但托工作人员将自己的一条大狗带去台湾。没想到这狗晕船晕得比人还厉害，一晕就叫，叫完就吐，还得劳烦一个水兵专门去伺候它。到了晚上，海风的呼啸声、海浪的轰鸣声、大狗的狂吠声、木箱相互之间的撞击声交织在一起，不知船上本来就自觉是逃难的人们是否倍感凄惶？

在海上漂泊了4天，中鼎轮到达基隆港。据庄严的儿子庄灵回忆，那天刚好是大晴天，风平浪静，船停泊在港湾里，大太阳底下，山峰翠绿，海水碧蓝。从风雨飘摇的海上到达这么一块宝地，大家都很高兴，纷纷向周围划着小舢板的渔民买香蕉吃。庄严的同事，画家刘士贤喜欢吃香蕉，看到基隆这么多便宜又新鲜的香蕉，很高兴，连吃好几天。结果吃到最后，把自己都给吃伤了，再也不想吃了。

文物迁台的计划决定之后，中央博物院筹备处的杨师庚和中央历史语言研究所的芮逸夫便先行赴台选址，定下了通运公司在一个名叫杨梅的小镇上的仓库作为文物到台后的落脚点。中鼎轮到达基隆的第二天，所有文物卸船，上火车，傍晚时分即到杨梅。

文物进了仓库，人也跟着住进仓库。仓库里除去放文物的地方，其余部分分成井字格，把捆行李的绳子拉起来，搭上油布做分隔墙，一家人住一间，厨房和厕所都是公用的。每天早上，各家女主人都在一块生炉子做早餐，用的是那种煤球，然后拿竹编的扇子来扇火，到处烟雾弥漫。

文物迁移线路图（二）

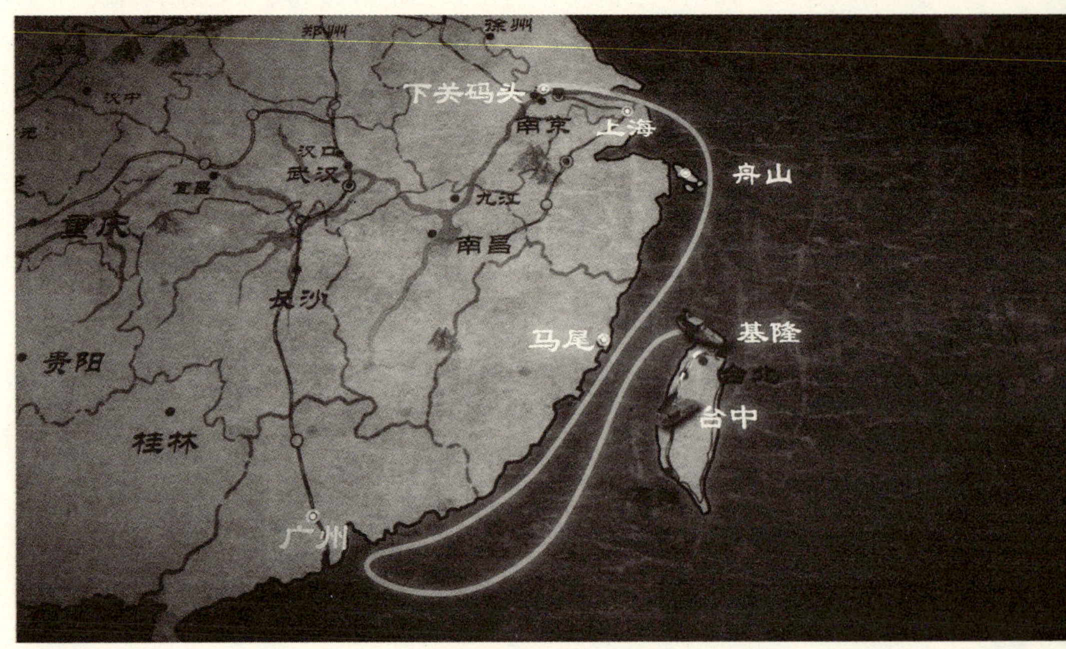

条件十分艰苦。

文物在杨梅呆了差不多一周的时间。因为这个仓库很小，放不下后面陆续将要运到的文物，杨师庚、芮逸夫和中博筹备处的谭旦冏便前往气候干燥的台中地区考察，打算另选他址。

去台中考察是杭立武的主意。文物运台前，杭立武花了很多精力去查询，以便决定文物最终的存放地。对古物而言，气候的干燥非常重要。那时广州有很多台湾人，杭立武一一找他们了解台湾各地的气候状况——新洲是有名的风都，基隆是雨都，高雄、台南太炎热，气候最温和又干燥的是台中。最后，考察人员相中了台中糖厂的仓库。当时台中市的市长陈宗熙正好是杭立武在金陵大学的同学，台中糖厂的厂长于升峰又是谭旦冏在法国留学时的同学，于是双方达成协议，台中糖厂不仅出借两栋仓库作为文物库房，还将旁边的一块地皮用于修建跟随文物来台的专家们的宿舍。第一批来台文物终于暂时安顿了下来。

第四次迁移：仓皇海沪轮

1948 年底，第二批文物很快挑选了出来。这是迁台文物中最多的一批，共 3502 箱，包括故宫 1680 箱，中央博物院筹备处 486 箱，中央图书馆 462 箱，中研院史语所 856 箱，北平图书馆 18 箱。其中故宫运出的文物尤为重要，不仅有宋元瓷器精品和保存在南京的全部青铜器，还包括全套文渊阁《四库全书》和离藻堂《四库全书荟要》。《四库全书》共 7 部，故宫文渊阁所藏是第一部，也是缮写得最为完整的一部，共 3459 种，36609 册。《四库全书荟要》系《四库全书》重要部分的摘录，供皇帝随时取阅之用。全书仍分经、史、子、集 4 部，473 种，11178 册。《四库全书荟要》共缮写了两部，一部存于紫禁城御花园的离藻堂，另一部存于圆明园味腴书室，后毁于英法联军火烧圆明园之时。也就是说，运去台湾的这一部《四库全书荟要》，已是世上所存之唯一了。

负责押运这批文物的人是：故宫博物院的那志良、吴玉璋、梁廷炜、

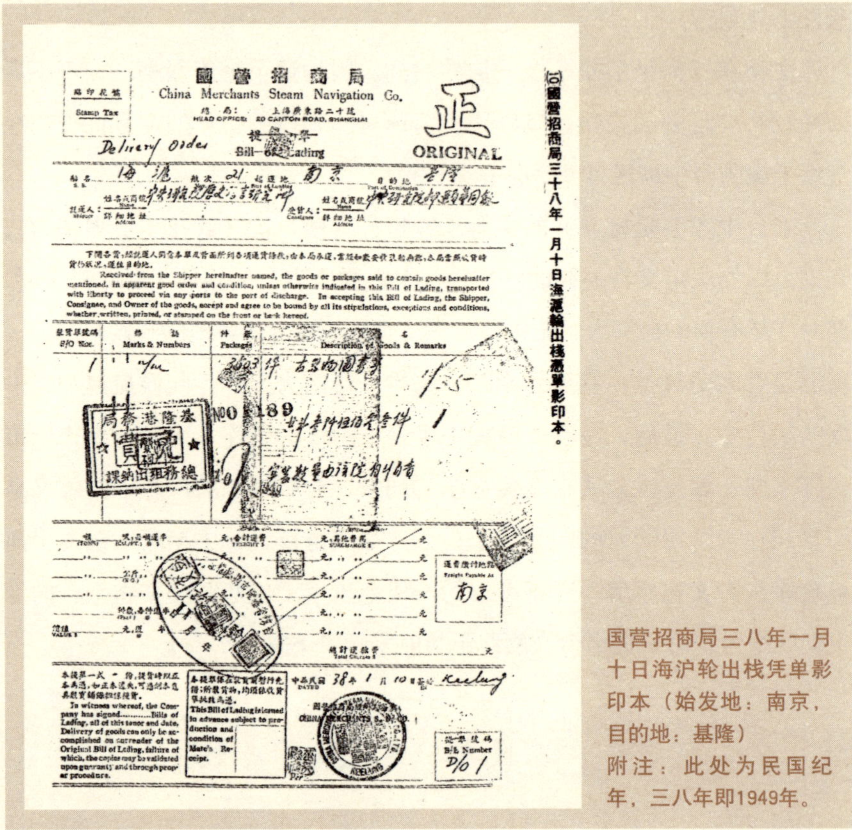

國營招商局
China Merchants Steam Navigation Co.
總局：上海廣東路二十號
HEAD OFFICE: 20 CANTON ROAD, SHANGHAI

貼印花稅
Stamp Tax

正
ORIGINAL

Delivery Order
Bill of Lading

船名 S.S. 海滬　航次 21　起運地 Port of Loading 南京　目的地 Port of Destination 基隆

托運人 Shipper：姓名或商號 Name；詳細地址 Address
受貨人 Consignee：姓名或商號 Name；詳細地址 Address

Received from the Shipper hereinafter named, the goods or packages said to contain goods hereinafter mentioned, in apparent good order and condition, unless otherwise indicated in this Bill of Lading, transported with liberty to proceed via any ports to the port of discharge. In accepting this Bill of Lading, the Shipper, Consignee, and Owner of the goods, accept and agree to be bound by all its stipulations, exceptions and conditions, whether written, printed, or stamped on the front or back hereof.

S/O Nos.	Marks & Numbers	Packages	Description of Goods & Remarks
1		2003件	

NO 189

運費應付地點 Freight Payable At 南京

總計運輸費 Total Charges $　元

In witness whereof, the Company has signed..........Bills of Lading, all of this tenor and date. Delivery of goods can only be accomplished on surrender of the Original Bill of Lading, failure of which, the copies may be validated upon guaranty and through proper procedure.

This Bill of Lading is issued in advance subject to production and condition of Mate's Receipt.

中華民國 38年 1月 10日簽於 DATED Keelung

CHINA MERCHANTS S. N. CO.

提單號碼 B/L Number D/01

國營招商局三十八年一月十日海滬輪出棧憑單影印本。

国营招商局三八年一月十日海沪轮出栈凭单影印本（始发地：南京，目的地：基隆）
附注：此处为民国纪年，三八年即1949年。

黄居祥；中央博物院筹备处的李霖灿、周凤森、高仁骏；中央图书馆的苏莹辉、昌彼得、任简；中研院史语所的董同和、周法高、王叔岷。

第二批国宝运到了下关码头，等待装船，但这时的海军总司令桂永清已经再也派不出一艘军舰了。杭立武只得与招商局联系，包租了招商局的轮船“海沪号”。

这一次的文物运输很顺利，码头没有海军眷属抢占船舱，航行中没有风浪和狗吠扰人心绪，海沪轮本身又宽敞又平稳。1949 年 1 月 9 日，第二批文物到达基隆。12 日，除中研院史语所的文物留在杨梅外，其余全部运往台中糖厂仓库。

第五次迁移：飘摇昆仑舰

第三批文物的搬运开始紧锣密鼓地进行了。

1949年1月10日，徐蚌会战结束，解放军全面胜利，进入南京指日可待。1月14日下午，中央博物院筹备处紧急召开理事会，出席的理事有朱家骅、张道藩、徐鸿宝、萨本栋、傅斯年、胡适、翁文灏和杭立武。会议最后决定尽量将尚留在南京的4000箱文物全部运到台湾，并聘请代理主任杭立武为中博筹备处的正式主任。

1月28日，农历新年的除夕，南京城内细雨连绵。2000箱国宝露天堆放在下关码头已经好几天了，木箱上面盖着挡雨的油布，静静地等待着运送它们去台湾的船只。

没有船。这时的南京，交通非常紧张，连火车顶上都站满了人。此前杭立武已经找遍了全城，也没有租到一艘商船。万般无奈之下，他只有再向桂永清求助。

28日下午，桂永清派出的昆仑号军舰终于抵达下关码头。但这艘船并不是专为文物而来，它另有任务，只能在下关码头停留24小时，文物必须马上装船，否则过时不候。而此时正值除夕，码头工人都想回家过年，不愿意干活。

工人方面还没谈妥，得知昆仑舰将去台湾的海军总部官兵和家属们又来了。跟上次中鼎轮一样，人们再次蜂拥而上，昆仑号两个船舱很快被他们占了一个，剩下的一个，只能放下500箱文物。

杭立武再次请出桂永清。然而这一次，桂永清也不起作用了。桂永清一上船，还没开口，整个船舱里的男女老少便放声大哭。对着自己的老部下和他们的眷属，海军总司令“希望大家以国宝为重”的话实在是说不出来。最后的解决办法是打开舰上全部的官兵卧舱，尽量容纳下所有的人，文物则分别送到甲板、餐厅和医务室。

安顿好官兵和眷属，再答应给工人发放新年特别奖金，2000箱文物终于开始装船。由于临时容纳了太多的人，导致故宫文物中有728箱，中图文物中有28箱没能上船，重新运回了原仓库。已经上船的文物1248箱，包括故宫972箱，中博筹备处154箱，中央图书馆122箱。这批文物的运输原计划由故宫博物院文献馆馆长姚从吾先生总负责，由于姚从吾先行赴台布置工作，后改由各机关共同负责了。参与此次押运的人员分别是：故宫博物院的张德恒、吴凤培，中博筹备处的索予明和中央图书馆的储连甲。

临起航时，又有4口箱子赶到了下关码头。4口箱子里，装的是日本战败后归还我国的第一批被劫文物。

说起这批归还文物，就要追溯到日本侵华的五十余年。在日本军队的大肆掠夺和毁损下，中国文物损失严重。这些文物包括典籍、字画、珍宝、古玩、碑帖，以及价值连城的文化古物，如北京人化石等。国民政府的一份报告中这样说："侵略我国敌军往往有擅长金石书画掌故目录之专家随行军中，凡敌蹄所及之处，彼等立即殚搜穷索。"

1945年8月15日，日本宣布无条件投降。教育部专门成立"清理战时文物损失委员会（简称'清损会'）"，主持战时文物的清理和保护工作，据"清损会"不完全统计，战时全国被日军掠夺、损毁的书籍、字画、碑帖、古物等共计3607074件又1870箱。损毁古迹741处。

后来经过"清损会"成员的艰辛努力，1950年3月到1951年7月之间日本陆续归还文物6批105箱，从日本横滨运往台湾高雄港，这其中包括辽阳汉墓出土的陶器、玉器、钱币；山东曲阜汉灵光殿出土的砖瓦残片以及南京大鼎。后来这前后7批109箱日本归还的文物分别藏于今天的台北故宫和台湾的历史博物馆。归还文物中的翡翠屏风就藏于台北故宫，南京大鼎从靖国神社中追还后，如今就立于台北故宫的正门口，而多年追查的周口店"北京人"化石却始终没能发现。

此刻即将上船的这4箱文物，包括沈阳张三畲堂的缂丝和古画，汪精卫访日时献赠日本天皇和皇后的翡翠屏风、青玉瓷瓶和白玉瓷瓶。这批文物于1948年6月由日本运往上海后又转运南京，张三畲堂的缂丝和古画由故宫南京分院接收，汪精卫盗献的三件国宝则由中博筹备处接收。

由杭立武派来的押运人告诉中博筹备处负责押运文物的索予明，杭先生吩咐无论如何也要把这 4 箱文物带去台湾。但这时昆仑舰上已经没有空地可以容纳这 4 口木箱了。索予明耐心地向昆仑舰舰长褚廉方解释了这 4 箱文物不同寻常的价值和历史意义后，褚廉方二话没说，下令将一间官长室中的办公桌椅拆除，硬是把这 4 只箱子装了进去。

终于开船了，这天是 1 月 29 号。就在头天的凌晨三点，一艘名为“太平号”的客货办，从上海开往基隆的途中，与一艘名为“建元号”的货办相撞，近千人丧生。太平号可谓东方的“泰坦尼克号”，它的船东就是当今台湾著名的电视主持人蔡康永的父亲蔡天铎。事后分析事故的原因，重要的一条就是超载。

昆仑舰超载也很严重。不仅超载，船上还发生了一件谁也没想到的大事。昆仑舰开出没多久，刚过长江口，船上的人突然发现船在往北开。到台湾应该往南，朝北那是去解放区的方向。副舰长觉得事情不对，找到舰长褚廉方。褚廉方一口承认他想要起义，带着文物投奔共产党。后来船上究竟发生了什么，现在已经没人清楚了。总之褚廉方起义失败，昆仑舰最终仍然到了台湾，但到达基隆港时，已经是 2 月 22 日，昆仑舰在海上一共航行了 20 多天！至于褚廉方，据说船到岸后即被杀掉了。

第三批文物运出后，杭立武积极准备抢运第四批。然而当时国共又开始了新一轮和谈，为避免影响和谈气氛，李宗仁阻止了杭立武的行动。

马衡的坚守

在抢运南京文物的同时，杭立武和行政院没有忘记留在北平故宫博物院的精品。

从 1948 年 11 月起，东北、华北野战军就已经将傅作义的军队围困在了北平、天津、新保安和张家口一带，到 12 月 14 日，北平已经完全被解放军包围。行政院和杭立武惦记着北平的文物，心急如焚，电报飞向紫禁城，催促北平故宫博物院赶紧遴选精品文物，通过空运送到南京，再随同南京的文物一起赴台。

然而，此时的北平故宫博物院院长马衡已经做出了与杭立武等人相反的选择——不去台湾，留在大陆。

马衡，1881 年生于浙江鄞县，中国近代考古学奠基人之一，著名金石学家、篆刻家。马衡与故宫的缘分始于 1924 年 11 月，他与那志良等一起进入“清室善后委员会”，担任清点清宫物品的工作。1933 年日军入侵，马衡选择离开北平，带上文物南迁，并于 1934 年 4 月被推选为故宫博物院院长。16 年过去了，文物再次迁移，而此次，马衡选择了留下。

马衡的留下与他的儿子、著名戏剧家马彦祥有关。通过马彦祥，马衡很早便与北平的地下党组织有了联系。在杭立武等催促马衡迁运文物的同时，马彦祥也从解放区捎来了中共方面的诚意，希望马衡不要迁运故宫文物，并许诺北平解放后仍由其出任故宫博物院院长一职。

为敷衍行政院和杭立武，马衡召开了一次院务会。出席这次会议的有古物馆的朱家溍，代表身在上海的馆长徐鸿宝；文献馆的单士魁和张

马衡日记手稿

德泽，代表已经赴台的馆长姚从吾；还有图书馆馆长袁同礼、总务处处长张庭济和秘书赵席慈。

院务会看起来开得很认真，马衡与参会人员仔细讨论了选择哪些文物装箱，以及如何装箱等，并告诫大家一定要细致谨慎，“要稳重妥当，要保证不损坏。不要求快，记住！不要求快。先准备箱板、木丝、棉花和纸，用多少要做个计划交总务处购置。”

其实，故宫里的包装材料像板箱、棉花、木丝等都是现成的，一面挑选，一面造册，一面装箱很快便可完成。但在马衡“安全第一，不要求快”的工作方针的指导下，工作人员们都没有了抗战时抢救文物的雷厉风行，这个包装工作慢条斯理、拖泥带水地进行着，一直磨蹭到 1948 年的 12 月 14 日，这一天，北平城彻底陷入了解放军的合围当中，对外陆路交通断绝。在中共地下党发起的组织“故宫博物院职工联谊会”的帮助下，马衡关闭了午门、神武门和东、西华门 4 门，选装好的精品文物再也无法运出。

一个月后，1949 年的 1 月 14 日，马衡致函杭立武，信中写道：“嗣贱恙渐痊而北平战起，承中央派机来接，而医生嘱勿乘机，只得谨遵医嘱，暂不离平。”对于文物迁台事件，他更作了明确的表态：“窃恐爱护文物之初心转增损失之程度。前得分院来电，谓三批即末批，闻之稍慰，今闻又将有四批，不知是否确实。弟所希望者三批即末批，以后不再续运。”道不同不相为谋，两人从此分道扬镳。

对庄严，马衡也写了一封信。马衡与庄严本是师生，在北大的时候，庄严是马衡最欣赏的学生之一，后来又一起在“清室善后委员会”、故宫博物院工作，关系非常深厚。马衡决定留下后，给庄严去信劝他也留下来，被庄严拒绝，两人的师生关系就此缘尽。

在马衡的周旋下，北平的文物没有运出一箱，全部留下了。

第六次迁移：白市驿抢运

1949年月10月1日，毛泽东在天安门广场宣布中华人民共和国成立。而这时，在偏远的西南地区，国民党运送文物的行动还在继续。

1949年10月14日，国民党政府从广州迁到重庆。某日，“河南省政府主席”赵子立带着一班逃亡重庆的河南官员找到杭立武，说河南博物馆有69箱文物，抗战时期从西安转移到了重庆，抗战胜利后，河南方面没有急于将这69箱文物运回，一直还放在中央大学柏溪分校的防空洞里。

河南博物馆于1927年6月在冯玉祥将军的倡议下正式成立，位于开封市三圣庙。抗战爆发后，博物馆精心挑选了珍贵文物5678件，拓片1162张，图书1472册，分装69箱运往汉口法国租界，后又循陇海铁路西行宝鸡，再由汽车运抵重庆，存放在中央大学柏溪分校的防空洞内。这69箱文物计有陶器23箱、铜器34箱、玉器1箱、瓷器1箱、甲骨2箱、织锦1箱、图书6箱、档案卷宗1箱。

赵子立的话引起了杭立武极大的关注。他知道河南博物馆的藏品多来自于安阳、新郑、洛阳、辉县，都是殷商时期的繁华胜地，其出土的文物价值之高，丝毫不让于故宫和中博。当时有学者对河南博物馆有这样的评价：“统中国博物馆所藏物品，除故宫博物院外，河南博物馆堪居第二之位置。”

按说河南这部分文物不在杭立武的职责范围之内，但只要是古物，杭立武就觉得自己有责任，现在形势这么危急，不能让这批价值连城的文物毁于战火，最好最快的解决方法是立即面见蒋介石，因为运送文物所必需的配备以及交通等都得有蒋的允许。正好蒋介石和儿子蒋经国15天前乘“美龄号”从台北飞来重庆督战，还留在重庆没走。

听完杭立武的汇报，蒋介石当即决定运走该批文物。此时海路早已不通，只能走空运。蒋介石指示空军司令周至柔，不惜任何代价，一定要抢运这批文物去台湾，同时又命令行政院副院长朱家骅直接负责此事。朱家骅接到任务，转头便交给了杭立武。的确，再没有比杭立武更合适的人了。

杭立武接下任务，立即四处联系运输事宜。69箱文物要从柏溪运到白市驿机场，需要足够的人力、船只、车辆，但那时重庆局势相当混乱，交通工具紧张，国民政府的官员们每个人都有自己的困难和小算盘。杭立武一边在这些人之间周旋，签字、办手续，一边派“教育部”总务司司长班镇中、社教司司长程行可和专员何九思三人赶赴中央大学柏溪分校。

周至柔也派出了两架国民党空军运输机，编号分别为“306”和“233”，专门运送河南文物。运输机空间狭小，没有办法装下所有69箱珍宝，而形势逼人，空军既不可能再派出更多的运输机，也不可能为运输文物在重庆台湾之间连飞两次。因此，河南博物馆从这69箱文物中只选出了38箱精品运往台湾，这38箱包括陶器17箱、铜器11箱、玉器1箱、甲骨2箱、织锦1箱、图书5箱以及档案卷宗1箱。剩下的31箱文物现在都完好地存放在河南博物馆里。

1949年月12月28日清晨，“306”和“233”两架国民党空军运输机，停在了白市驿机场。按原定计划，在这个清晨，文物应该已经装在飞机上，由重庆飞往台湾了。

但是文物还没运到。

当时的柏溪不通公路，班镇中、程行可和何九思在路上耽误了不少时间。直到12月27日才到达柏溪，随后三人经过整整一个通宵，把38箱文物装上小船，28日中午时分运抵重庆成渝码头。此刻的重庆早已陷入了无序状态，“教育部”派出的三辆卡车堵在路上，运载文物的船只不敢靠岸。杭立武只得赶往空军第五军区司令部恳请延期起飞。司令部的回答是，最多只能等到29日，再晚，不是飞机等还是不等的问题，而是根本就走不了了。

1949年11月28日，已升任“教育部”部长的杭立武率领一班工作人员等候在重庆白市驿机场的停机坪上。时间一分一秒地流逝，终于，第一车文物13箱由张来福押运于下午4点半抵达机场，第二车12箱由一名陈姓工友押运于下午5点50分也赶到了机场，然而第三车，也就是最后一车，仍然未到。

夜晚降临了，一边是远处清晰可闻的解放军攻城的枪炮声，一边是空军飞行员的催促“再不飞，就来不及了”。就在大家几乎快要放弃的时候，午夜12点，陶怀中押着第三辆车，载着13箱文物飞也似地驶抵白市驿机场。

可以装机了，杭立武又发现了一个新问题。按规定，运送这批文物去台需要河南博物馆与杭立武等在现场清点文物并办理交接手续，然而河南博物馆的代表却迟迟未到。而且由于时间仓促，这批文物既没有清单，箱件上也没有封条，更糟糕的是，有两只箱子已经破损，里面的书籍隐约可见。如果在平时，这种情况下是无论如何不能装机的。

情势紧急，顾不了那么多了，杭立武下令立即装机。于是，就在这一夜的凌晨3点钟，38箱河南博物馆的文物全部装上了飞机。

11月29日上午9时30分，两架军用运输机腾空而起。“233”号装载21箱文物，由郭莲峰、易价、秦铭新三人押运，当日下午4时到达台北松山机场，文物暂存国立编译馆。“306”号飞机装载17箱文物，刚一升空就发生了机械故障，但当时机场形势已十分危险，无法降落，于是改飞昆明，第二天由昆明飞海口，12月1日下午由海口飞抵台北松山机场。12月2日中午，38箱文物全部存入了台中糖厂仓库。

在机场运送这批文物时，一个河南博物馆的工作人员也没有。等文物到了台湾，不仅河南博物馆的人来了，连本来跟博物馆一点关系也没有的河南人也来了，并自说自话地成立了一个“河南文物监护委员会”，要接管这批文物。运文物来台的教育部只好答应由他们推举一人来管理，因为当时在机场没有清点造册，现在要把这个工作补上。没想到由于日军入侵，文物从开封匆忙撤退，包装过于简单，加之十多年舟车辗转，根本没有机会清理，其中大部分的陶器和铜器都已经破损，图书档案也有不同程度的霉烂现象。最可惜的是，因为启运时太过慌乱，许多甲骨上的腊板没有取下，如今，腊板早已霉变，伤及了这部分甲骨。

这批文物一直由后来成立的“国立中央博物图书院馆联合管理处”代为管理，1956年3月，台湾“国立历史文物美术馆”，即现在的“国立历史博物馆”的前身在台北成立。经在台的河南籍人士同意，这38箱精品文物移交该馆。可以说，如今的台湾“国立历史博物馆”就是在这 38 箱文物的基础上建立起来的。

第七次迁移：最后的飞离

12 月 9 日，成都新津机场，国民党当局一批政府官员——“行政院”院长阎锡山、副院长朱家骅、秘书长贾景德、“政务委员”陈立夫以及“教育部”部长杭立武——即将从这里撤离大陆，前往台湾。

飞机还没起飞，一帮人等候在机场上。别人还好，唯独阎锡山表现奇怪。他随身携带着两口箱子，一口被他坐着，另一口放在手边，神情恍惚，身体微摇。杭立武一到机场便发现了阎锡山的反常，但他以为那是因为“行政院长”正陷入自己的去国情思之中，因而没作他想。直到朱家骅和陈立夫把他叫到一边，几句话一说，杭立武才知道，原来阎锡山的箱子里装的是黄金！而机场上的政府要员们，都正在为阎锡山的黄金犯愁——飞机小，人多，本身就已经超载了，如果阎锡山还要带上他的黄金，大家性命堪忧。但阎锡山此人，自辛亥革命组织太原起义，至 1949 年逃离大陆，长期统治晋绥一带，翻手为云，覆手为雨，人称“山西土皇帝”，想要劝他在这关键时刻放弃黄金，实属痴心妄想。

杭立武与阎锡山关系一向亲厚，朱家骅和陈立夫便把劝说阎锡山的希望寄托在他身上。杭立武想半天，想了个主意出来，由他、朱家骅、陈立夫三人共同签字给阎锡山写一封保证书，只要他肯放弃这两箱黄金，到台北后由他们恳请蒋介石照原数补给他。

这书生气十足的建议马上被朱家骅否决了。

三人商议半天，没有结果。一筹莫展之际，一个谁也没想到的人——张大千——突然来了，带来了新麻烦。

张大千乘坐的是西南军政长官公署长官张群的座车。车子开得极快，风驰电掣冲进机场。车未停稳，张大千便跳下车来，径直走到杭立武面前说，他带来了 78 幅敦煌临摹壁画，要求与这批画同机撤离。

张大千的请求遭到朱家骅等人的拒绝，说飞机已经超载了，你那画又不只是几张轻飘飘的纸，那么重，还要加上一个你，怎么可能？

但杭立武知道，这78幅敦煌临摹壁画虽非古物，其价值并不低于真正的古物。他想要带走这批画，但眼前这架飞机的确再也载不下一个人和78幅画的重量了。朱家骅和陈立夫对杭立武说："保护文物是你的责任，你要履责，我们不反对。你去说服阎锡山丢下黄金，把张大千和他的画带走吧。"

民国末期通货膨胀，纸币如废纸，政府官员的薪水都以黄金代替，阎锡山的金条也部分来源于此，想要让他丢下绝无可能。而且此去台湾，前路茫茫，谁也不知道将来的景况，非要让人丢下活命的保障也属过分。

然而，杭立武毕竟非一般人可比，他转身从飞机上拿下了自己的行李，对张大千说："这里有二十几两黄金，是我的全部积蓄，现在我把它丢下来，运你的画去台湾。但是，我有一个条件，这个画将来不属于你，你要捐给故宫博物院，捐给政府。"

张大千满口答应。

杭立武又说："口说无凭，你要立个字据。"

张大千从身上摸出一张名片，当场在名片下写下了今后将画捐给故宫博物院的凭证。

就这样，最后一班飞机载着5名国民党要员，1名艺术大师、两箱黄金和78幅名画，一同飞抵了台北松山机场。

到台北之后，杭立武便将那78幅画交给"国立中央博物图书院馆联合管理处"保管。交接时进行清点，发现那78幅画作中只有62幅是敦煌临摹壁画，其余16幅是张大千私人收藏的古画。

从内心深处来讲，张大千对他那78幅画是万般不舍的，当初之所以答应杭立武的要求，不过是情急之下的权宜之计。但他是个聪明人，知道不能直接向杭立武索取，以免授人以出尔反尔的话柄。抵台几天后，索要壁画的借口就给他找到了，而且还非常之冠冕堂皇——送敦煌壁画去印度展出。

杭立武明白这是个借口，但送国外展览是好事，便没有阻拦，只是一再叮嘱张大千，一定要言而有信。

印度展览结束后，张大千又把这批画带到巴西，直到1969年才兑现承诺，托人送回台湾，重归台北故宫博物院。

至此，从1948年12月21日中鼎轮的起航算起，到1949年12月9日新津机场国民党最后一班飞机起飞之时为止，从大陆到台湾，共运出多少文物呢？

海运：中鼎轮、海沪轮、昆仑舰在64天的时间里，从南京共运出分属六个机构的文物和档案5522箱，其中故宫博物院2972箱、中博筹备处852箱、中央图书馆644箱、中研院史语所976箱、北平图书馆18箱以及外交部60箱。数量虽远不及抗战期间南迁的文物，却占到了当时全国精华文物中的95%。台北故宫博物院，便是在这批文物的基础上建立起来的。

文物迁移线路图（三）

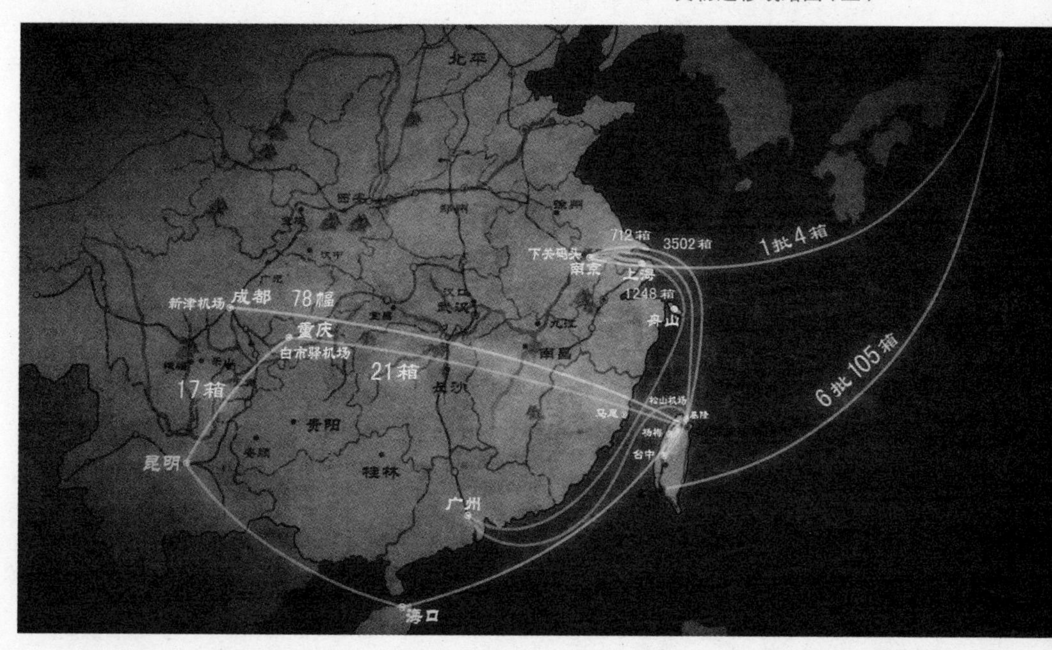

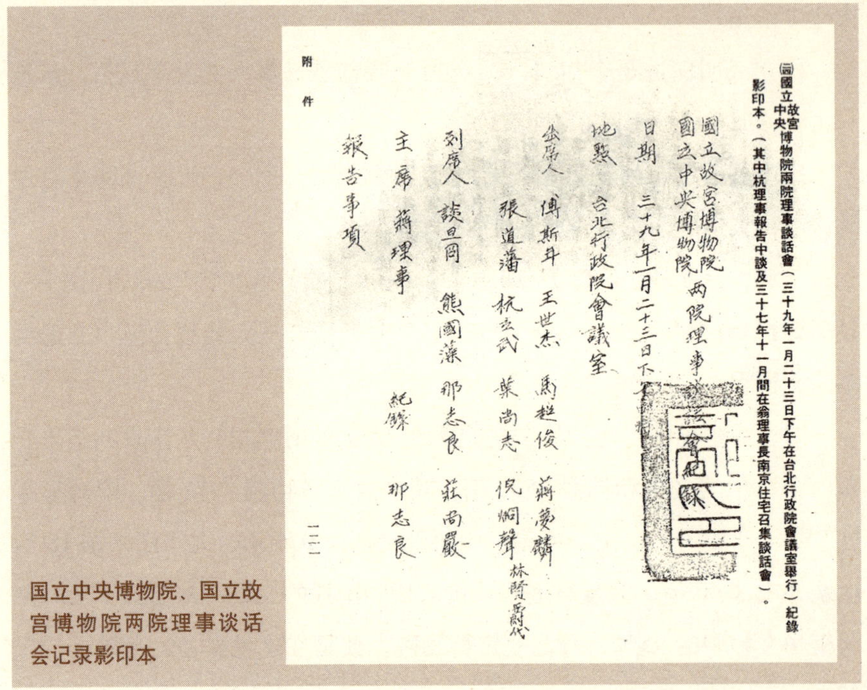

㈢國立故宮／中央博物院兩院理事談話會（三十九年一月二十三日下午在台北行政院會議室舉行）紀錄影印本。（其中杭理事報告中談及三十七年十一月間在翁理事長南京住宅召集談話會）。

國立故宮博物院
國立中央博物院 兩院理事［談話會］
日期 三十九年一月二十三日下［午］
地點 台北行政院會議室
出席人 傅斯年 王世杰 馬超俊 蔣夢麟
張道藩 杭立武 葉尚志 倪炯聲 林熊祥代
列席人 談旦冏 熊國藻 那志良 莊尚嚴
主席 蔣理事 紀錄 那志良
報告事項

附件

一二

国立中央博物院、国立故宫博物院两院理事谈话会记录影印本

空运：白市驿机场运出河南博物馆文物38箱，新津机场运出张大千62幅敦煌临摹壁画和16幅私藏古画。

此外，抗日战争胜利后，日本政府从1948年6月到1951年7月，将其在中国境内疯狂掠夺的部分珍贵文物分装109箱，分7批陆续归还中国。第一批4箱已由昆仑舰运至台湾，其余105箱则从日本直接运往高雄港，再转运台中糖厂。

如此算来，除张大千62幅敦煌临摹壁画和16幅私藏古画外，直接间接运往台湾的珍贵文物一共有5606箱。这5606箱文物中，属于中央研究院历史语言研究所和中央图书馆的，都相继归还，河南博物馆的文物送到了台湾国立历史文物美术馆，即后来的国立历史博物馆。剩下的3879箱25万多件文物属中博筹备处和故宫所有。

1965年8月，中博筹备处和故宫合并，1965年12月，台北故宫博物院正式成立，历经颠沛流离的国宝们，终于有了一个安稳的居所。

國寶
六君子
第二章
贰

为故宫文物贡献良多的人有很多，在这里只选取了6个人进行简略的介绍。他们是伴随着文物去往台湾的人，他们是上个世纪中国文化学术界的重要人物。不管是基于什么原因造成了60年前的那次颠沛和迁移，不管当年在什么样的政治气候下给这些人一些评判，在我眼里，他们都是一些值得尊重和同情的人。他们都为保护这些中华文明的古物，尽了自己的力。他们值得我们去怀念和记述。

故宫博物院（1925年）

杭立武

杭立武大概没有想到，自己的一生，跟故宫的文物结下了不解之缘。他的名字，也因为跟故宫国宝联系在一起而为当今的大众所知。迁运国宝的故事听起来惊险过瘾，他一生的经历自然也一样精彩纷呈。

求　学

杭立武是安徽滁县人，生于1904年。他的父亲自小聪明好学，想走科举的路子，实现自己的抱负，但因为户籍不在当地，只好花了点银子，才参加科考进了官场。父亲为人清廉正直，做官并不求荣华富贵，为百姓做了不少好事，在当地颇有威望。从小，父亲对杭立武管教很严，寄望甚高，请了老师在家里教他功课，其中包括英文。中学时，杭立武受父亲鼓励去上海试考清大（清华大学），正好那时上海有孙中山先生的一场演讲，杭立武对考清大没抱太大希望，就冲着演讲去了。最后清大果然没考上，但上海之行却决定了他一生的方向。孙中山先生没有丝毫官僚气息的作风给他留下深刻印象，对他日后加入国民党产生了影响。

清大没考上，杭立武进金陵大学主修政治学，以第一名的成绩考取了公费留学名额，赴英国伦敦大学深造。去京复试时，自幼学英文的杭立武却没学过文法，他在试卷的文法栏里写道："文法属于中学生的课业，留学考试出这种题目实在不适当。您应该从我的文章来评定我英文程度的高低。"结果另两项考题"时事议论"和"作文"，主试给出高分。在京期间，杭立武心情很放松，兴致勃勃游览北京城，他每晚去看京剧，看遍了余叔岩、杨小楼、陈德霖、梅兰芳的戏，竟一连看了10天。这个爱好一直保持到晚年。

留英期间，年轻的杭立武什么都感觉新鲜，参加了各种学术、社会活动，曾有机会听罗素、萧伯纳、威尔斯这些名家的演讲，深受激励。后来伦敦大学 Harold Joseph Laski 教授鼓励杭立武去美国，杭立武就去了，在美国威斯康星大学拿了一个硕士学位后，又返回英国，拿到了政治学博士学位。在这两所国际知名学府的求学经历对杭立武意义重大，他自己曾说："我这一生受伦大 Harold Joseph Laski 教授的开创精神与威大 Frederick Ogg 教授踏实做事态度的影响很大，在创新中不致流于虚幻，而落实于踏实稳健。"

归 国

学成归国后，杭立武怀着报效国家的雄心开始逐步实现抱负。最开始，受聘在中央大学任教。年轻时的杭立武英气勃勃，又是留学生，前途大好，因此很多人给他介绍女朋友，相亲的饭局很多，他却爱上了偶然作陪的金陵大学好友陈裕华的四妹——在燕大任教的陈越梅。追求了大半年后，杭立武终于在北平求爱成功，后来两人在南京结婚。

当时国门大开，留洋风气很盛，许多学子纷纷留洋，归国后都想要轰轰烈烈地做一番文化事业。杭立武也一样，当看到当时的国内学术团体如雨后春笋般涌现而独缺政治学术团体时，他广召各地知名学者一起创立了中国政治学会。后来在被中大校长朱家骅聘为管理中英庚款董事会总干事期间还创立"中英文化协会"，致力中英文化交流。因为他熟悉英国情况，就被蒋介石派任为对英国的联络员，与英国驻华大使和丘吉尔首相本人打过多次交道。当时，因英国受日本要求封闭滇缅公路，禁止军事资源运达中国，杭立武亲眼见到蒋介石发火，一整副假牙因情绪激动而掉落在地，而后拒绝了他的帮助，自己迅速捡起塞进口中。

1941 年底，杭立武随"中国访英团"赴英国、苏格兰访问，期间除了受到丘吉尔首相在唐宁街十号的接见，还发生了有趣的"赛酒事件"。英国外交部、情报部代表请"中国访英团"吃饭并要赛酒，团中只有杭立武和王云五酒量好，就合力将英国人灌醉。王云五见杭立武酒量不错，与他订下回国后的赛酒之约。谁知这个约定一直因为两人公务繁忙而未能实现，直到王云五病故前，杭立武去看望他，他还记得此约定并说："立武兄，今生不比，来生再赛。"令杭立武唏嘘不已。

发起设立难民区

史料记载，自1937年12月至1938年2月，南京失陷前后，曾经出现过一个专门保障难民安全与生活的"安全区"（又叫"难民区"）。一度有近30万人聚集在这个不到4平方公里的狭小范围内避难。安全区的设立与存在，在一定程度上，减少了南京大屠杀的被害人数。这个安全区是杭立武发起设立的。

杭立武是基督教长老会信徒，信奉"人生以服务为目的"。1937年冬天，上海失陷，近在咫尺的南京受到威胁。刺耳的警报声与震耳欲聋的爆炸声，终日充斥六朝古都。难民们从四面八方涌到南京。忧心时局的杭立武在报纸上看到一条消息：日寇侵占上海时，德国的饶神父在租界成立了一个难民区，救了20多万难民。留学英国和美国的经历使他与不少在南京教书、从医、经商和传教的西洋人熟悉。他邀请了20多个外国人，提议在南京共同筹建一个保护难民的安全区。外国人纷纷赞同，当时就画了安全区的地图，托上海的饶神父转交日军。

15名外籍人士组成了"南京安全区国际委员会"，50多岁的西门子洋行代理人约翰·H·D·拉贝被大家推选为国际委员会的主席。他就是闻名世界的《拉贝日记》的作者，激愤于日军的暴行，他记下了在南京的所见所闻，给后人留下了一份最真实的记录。当时33岁潇洒英挺的杭立武担任了委员会总干事，美国人乔治·费区任副总干事。宁海路五号的张公馆成了安全区的总办公处，浅灰色的大门口挂有一个很大的黑圈红十字的安全区徽章。

杭立武日后迁运国宝的契机就埋伏在这里。

主持文物迁运

当时，南京市长马超俊听说了难民区的事，建议杭立武将朝天宫故宫文物院也纳入难民区范围，以免日军破坏文物。但当时的难民区地区图已经划定，要更改并不容易，而且杭立武内心并不认为日军会依照国际惯例尊重难民区，而故宫文物事关重大，他自己无法决定。于是他向当时的国防最高委员会秘书长张群建议，将文物尽快迁到后方。蒋介石得到报告后，让杭立武负责文物抢运。杭立武一直认为难民区的事很重要，也紧急迫切，但日军已经打到南京外围，抢运文物刻不容缓。最后他把难民区的事交代给当时的德国副主任，自己决心排除一切困难搬运文物。

朱家骅知道后大加赞赏，表示愿意在必要时动用中英庚款基金用于古物搬运。但现金还是缺乏，国民党政府虽然下了迁运的命令，但并没有充足的资金拨给，杭立武只好向关务署英籍总税务司借了数十万元。

当时的南京城已经极其混乱，老百姓们纷纷逃难，交通工具很难找，从 1937 年 11 月 20 日到 12 月 8 日短短的 19 天里，杭立武动用了一切力量。这次抢运分水、陆两条路线，陆路由军委调拨车辆，沿着津浦铁路转陇海线到宝鸡，再换装卡车入川，押运人是故宫博物院的庄严和那志良。水路方面，国轮都没有了，只好找外轮，最后租到一家英商轮船，决定上溯长江运到汉口再转运四川。当时，日军的炮火在南京城门外已经燃起，英国商船担心路途中出现问题，更怕遭到日军的轰炸，停在南京下关码头不走，船长坚持要杭立武随船出发，杭立武不

杭立武

上船，他们就不走。无奈之下，杭立武在码头给家里打了个电话，然后同意上船。因为怕难民上船，船停得离岸稍远，杭立武攀着水手们抛下的缆绳上了船。第二天，日军对南京发起了总攻，而14571箱故宫文物水陆并进运往了安全的大后方，藏在乐山和峨眉两地。直到抗战胜利后，西迁的国宝才全部运返南京。

主持文物迁台

经过这次惊险的抢运，杭立武内心的感受不同了，以前从来没接触过文物，虽然知道文物珍贵，但很遥远，有了这次难得的经历后，他对这些用自己生命去保护的古物产生了感情。这种感情驱使他在1948年淮海战役前夕，自然而然地第一时间又想到了故宫国宝。当时他任国民政府教育部政务次长，而以故宫董事会秘书的名义，发起成立了文物搬迁小组，由故宫博物院、中央博物院、中研院史语所、中央图书馆和外交部五个机构组成委员会，开会决定挑选文物精品迁运到台湾。杭立武被推选为总负责人，就这样，在11年之后他再次与故宫国宝的命运联系在了一起。

1948年12月21日，海军总司令桂永清派出国民党海军“中鼎号”运输舰秘密驶进南京下关码头，将第一批712箱文物运到了台湾基隆。押运总负责人是李济。文物专家说存放文物之地不能太潮湿，要求干燥，为此杭立武多方查询，基隆多雨，新洲多风，高雄、台南炎热，气候温和又干燥的只有台中。经过考察，最后相中了台中糖厂的仓库。台中市市长陈宗熙是杭立武金陵大学的同学，而台中糖厂厂长于升峰碰巧又是中央博物院筹备处谭旦冏的留法同学。有了这些关系，文物顺利迁入台中糖厂的仓库中。

1949年1月6日到1月9日，第二批2646箱文物由招商局的“海沪号”轮船运往基隆。

1949年1月30日到2月22日，第三批1248箱由杭立武从桂永清司令那里求来的“昆仑号”军舰运到了台湾。

海上风雨飘摇，状况甚多，但三批文物都有惊无险地顺利到达台湾，全部运到了台中糖厂仓库，并被严加看守。当地老百姓不知道那个普通的仓库里全都是中华民族的稀世珍宝，只是奇怪为什么多了好多兵，还拿着枪。

战事紧张时期，杭立武带着家人坐火车离开了南京，经过上海、杭州、衡阳到达广州。当时已升任教育部长的他感到时局已无法逆转，对家人说：“你们恐怕要到台湾去了。”家人问他是否一起走，他说要留在重庆处理事务，让他们先去。

杭立武的家人到台湾后，教育部的家属都人心惶惶，太太们向杭夫人打听消息，希望杭立武可以带着她们的先生快点出现，杭夫人向大家保证如果教育部要离开重庆，杭立武会让别人先走，他自己一定是最后一个走的人。果然，不久后教育部家属的先生们先后都到了台湾，而杭立武留到了最后。

留下的杭立武又碰到一系列紧急事件。原来抗战时，河南博物馆的69箱文物也南迁到了重庆，存放在中央大学柏溪分校的防空洞内，抗战胜利后没有运回。河南省政府主席领着一班逃亡重庆的河南官员向正忙于安排疏散人员的杭立武求救，希望他能设法将这批文物迁台。杭立武立刻向蒋介石汇报，正打点行装准备上路的蒋介石当即命令空军司令周至柔不惜任何代价抢运这批珍贵文物，并指示行政院副院长朱家骅直接负责此事，朱家骅转而将这副担子交给了杭立武。这次搬迁比以往几次更仓促紧张，当时重庆情形混乱，贮藏文物的防空洞不通公路，交通困难，工具缺乏，河南博物馆的人员也不知去向，无人交接办手续。同时，还有人员疏散的重责。负责人员撤退的同事曾问杭立武：“要人还是要古董？”杭立武说：“都要，尽力而为吧。”在飞机就要升空的最后关头，精选的38箱河南博物馆文物费尽周折终于到达重庆白市驿机场，由两架运输机运往台北松山机场。

离开重庆后，杭立武随阎锡山在成都新津机场准备乘最后一班飞机离开。阎锡山带了两箱黄金，是为去台湾后的生计准备的。同机的陈立夫和朱家骅担心飞机超重，让杭立武去劝阎锡山。杭立武建议劝阎锡山放弃黄金，由他与陈、朱三人签字保证，到台北后，请蒋介石补偿等值的黄金。陈、朱二人认为不可行。正不可开交时，张大千又匆匆赶到出了个新难题。他要求带着78幅敦煌临摹壁画搭机。当时飞机载重已饱和，机长不同意再增加重量。一边是珍贵的艺术品，一边是绝不可能丢下黄金的阎锡山，杭立武当即决定把自己的行李包括20两黄金撤下，让张大千和他的画登机，并与张大千约定到台北后，张捐出这些画给故宫。问题因杭立武的高风亮节获得解决，最后一班飞机终于起飞。

在夫人张越梅眼中，先生杭立武关心时局，每天要看数份报纸；喜欢工作，到80岁时也照样早出晚归；非常珍惜时间，不喜欢游山玩水；生活规律，重视健康，年纪大了后偶尔迟起还会懊恼；性情平和，和家人同事从不发生争执。

即使没有迁运故宫文物的经历，杭立武的卓越成就也足以自慰，但与故宫国宝结缘却成为他人生故事里最浓墨重彩的一笔。1989年，一生淡泊名利的杭立武获得行政院文化奖，获奖原因是他维护故宫文物的安全。这个奖整整迟了40年。受勋时他说自己做这些事觉得很快乐，完全没必要给奖金。之后，他把40万奖金的一半捐给了台北故宫，并希望成立一个基金会，专门收集文物。

李济

1995年9月，台北故宫博物院举办了一场为时8天的特展。所展文物只有一件——半个蚕茧壳。这个特展是为纪念李济先生诞辰百年设立的，这半个被利器切割过的蚕茧壳，是李济在69年前主持的中国第一次考古挖掘时发现的。那次发掘，揭开了史前仰韶文化的面纱，更标志着现代科学考古进入中国，意义重大。

三次改行

李济的人生很传奇，“三次改行”的经历为人们所津津乐道。

1911年，李济幸运地考取了用庚子赔款开办的留美预备学校——清华学堂。后来才知道是进的“备取榜”，排名倒数第三。读书期间，美国华尔考（G.D.Walcott）博士曾为他们教授过心理学和伦理学。由此李济对心理学发生兴趣，1918年赴美选择在马萨诸塞省的克拉克大学攻读心理学。

那次同船去的，还有自费留学的徐志摩。两人曾同住一间寝室，关系非常要好，成绩也是一个第一，一个第二。后来徐志摩转到纽约哥伦比亚大学后，还一直与李济通信。李济那时用社会学的方法研究人口问题，拿到硕士学位后，又对人类学发生了兴趣。这个改行的打算得到了徐志摩的赞成，他认为李济是适合做学问的人。1920年，徐志摩去了伦敦，李济则进入哈佛大学进修人类学。虽然从那时起，两人走上了不同的人生道路，但徐志摩对李济的评价很高，在一封信中他曾写道：“刚毅木讷，强力努行，凡学者所需之品德，兄皆有之。”

李济

在哈佛大学求学的3年时间里，李济写成了一篇长达20万字的博士论文《中国民族的形成》，拿到了博士学位。在这篇论文里，李济分析总结中国民族的5种主要成分和3个次要成分。从那以后，中外学人凡论及中国民族及人种问题的，都会引用这本书。其中包括著名哲学大师罗素，在《中国问题》中他提到，李济的论文让他“得到了某些颇有启发的见解”，并大段引用了其中的文字。这使李济一下子声名大振。

在哈佛读书时，有一位讲授体质人类学的讲师E.A.Hooton，李济将他的名字翻译成像日本人名字的“虎藤”。1921年暑假，虎藤请李济来帮忙洗刷整理一批尚未开箱的500件埃及人头骨。这次整理头骨的经验让李济对于处理人骨，特别是人头骨有了亲身体会，对他后来处理安阳殷墟出土的人头骨很有裨益。后来，在安阳殷墟挖掘现场，很多年轻的考古人员如高去寻、尹达、夏鼐等，都曾在李济的指导下经历了整理人骨的训练。

1923年，学成归国的李济应聘到南开大学教授社会学与人类学。著名地质学家丁文江把他推荐给地质学界、古生物学界的一批国内外专家认识。李济由此与考古结缘。

半个蚕茧壳

1925年夏天，河南新郑有人在掘井时挖出了古墓。丁文江鼓励李济去看看，并为他凑了200元经费。由于当地土匪作乱，这次新郑之行只找到几块人骨。这是李济第一次参加田野考古发掘工作。

1925年，清华筹备成立国学研究院，吴宓为首任研究院主任，王国维、梁启超、陈寅恪、赵元任是研究院所请的第一批教授，后来他们被并称为“四大导师”，李济被聘为特约讲师，讲授普通人类学、人体测量学、古器物学和考古学。

清华学堂的学生刚报到时，分不清几位导师谁是谁。有人看到一位头戴瓜皮帽、留着辫子、身穿长袍、神情有些委顿的老人，悄悄向旁边人打听：“这大概就是李济先生了吧？”他看到的那位老先生其实是王国维，不过在青年学生心目中，考古的就必定是位老先生。而李济那一年，才29岁。

这一年，美国史密森研究院弗利尔艺术馆（Freer Gallery）组织了一支“中国考古发掘队”来华，想去新郑考古。其中有一位名叫毕士博（Carl Whiting Bishop）的专门委员，听说李济是中国第一位荣获哈佛大学人类学博士者，就邀请他参加。李济回信提出两个条件：一个是在中国做田野考古工作，必须与中国的学术团体合作；一个是在中国掘出的古物，必须留在中国。不久后毕士博回信说：“我们可以答应你一件事，那就是我们绝不会让一个爱国的人，做他所不愿做的事。”

1926年10月，李济率队来到山西夏县西阴村。这次发掘收获非常大，采集到了60多箱出土文物，大部分是陶片。山西夏县西阴村仰韶文化遗址的挖掘是第一次由中国人自己主持进行的田野考古工作。

发掘中最有趣的发现是半个蚕茧壳，壳上有平整的人工切割的痕迹。后来经专家鉴定，那半个蚕茧壳确实是一种家蚕的茧，因此证明了中国人在史前新石器时代已懂得养蚕。

据李济的儿子李光谟回忆，在他小时候，父亲曾把这半只蚕茧壳放在试管里，用软木塞塞住放在办公室的笔筒里。那个时候，李光谟怎会知道这半只蚕茧壳有多么珍贵。

这次发掘之后，李济撰著了《西阴村史前遗存》一书。这一著作奠定了李济在中国考古学研究中的地位。

发掘殷墟

1928年，中央研究院历史语言研究所成立。当时的所长傅斯年一开始就定下了两件事：1. 成立一个组，以考古学家作为研究中国史的新工具；2. 以发掘殷墟作为考古组的第一个田野工作项目。他需要一个合适的学者来领导考古组，当时的人选有两个，除了李济，另一个人选是马衡，他后来成为故宫博物院院长。最后傅斯年选择了李济，从那时开始，李济的一生和安阳的殷墟发掘紧密地连在了一起。发掘之初，他跟所内同仁约定：一切出土物全部属于国家财产，考古组同仁自己绝不收藏古物。

殷墟的发掘工作一直持续了 15 个工作季，直到 1937 年中。

在当年年底第三次挖掘时，发现了著名的“大龟四版”，龟版上刻满了殷商时代的占卜文字。

第四次挖掘时，梁启超的二儿子——在美国学考古的梁思永回国加入。他是考古组里受现代考古正规训练的第一人，他的加入使考古组的田野工作在方法和质量上都有很大提高。

1931 年在南京开了一个殷墟遗址发掘成绩展览会，蒋介石夫妇与国民政府五院院长悉数出席参观，舆论为之轰动。

1935 年，殷墟第 11 次发掘为期 95 天，所获极多，出土了牛鼎、鹿鼎、石磬、玉器、石器等多件文物。殷墟大发现震惊了世界，也是李济一生科研事业的黄金年代。

殷墟发掘印证了商朝的存在，并由此把中国的历史向前推了几百年。李济的学生张光直曾说：“直到今天，我们关于商代的知识很大程度上仍是由李济给我们划定的。”

南迁——失去两个女儿

1937 年，在殷墟第 15 次发掘收工后仅 18 天，卢沟桥事变爆发。已经接替傅斯年担任中央博物院（中博）筹备处主任的李济，负责“史语所（中央研究院历史语言研究所）”与“中博”向西南搬迁之事。“史语所”搬迁的第一站是经武汉到长沙，停留了 3 个月后西迁至昆明。

“史语所”在昆明安顿了两年后，因滇越线战事吃紧，又从昆明迁往四川李庄。那是个偏僻的山乡，把装着资料和标本的沉重木箱运上山坡是很费力的事。一次搬运时，不巧撞坏了一个木箱，里面的人骨标本暴露出来，引起一阵哗然。当地人纷纷说：“这个机关还吃人哟！”一时间，舆论纷纷，群情激愤。后来，傅斯年及李济等人出面，邀请当地官员及地方乡绅座谈，再三解释人骨对考古、人类学的重要意义，并请他们向民众做必要的解说，这才化解了一场险情。

除了这个小插曲之外，李庄6年，是抗战时期“史语所”和“中博”相对安定的一段日子。生活虽然困难，但李济带领着考古组依然坚持考古工作，曾在四川彭山崖墓发掘出一些重要石刻和特殊雕刻，还和四川省博物馆合作，在成都琴台发掘出大量珍贵文物。

战乱期间，保存在各地的文物损失很多，李济的家庭也遭受了灾难。因为医疗条件太差，他的两个女儿均因病去世，只剩下了李光谟一个男孩子。后来李济夫妇过继了一个亲戚的男孩，取名“光周”，李光周后来也成为一个考古学家。让李济最难过的是，梁思永患上严重的肺结核而长期卧床，无法工作。

抗战胜利后，李济去日本查访被日本人掠夺走的文物，但他一直想找到的“北京人头骨”却没有找到，直到晚年，他还在为此事遗憾。

迁台——父子分离

1948年内战爆发。国民党政府决定迁台，许多文物刚从大后方运回南京，还来不及开箱，又要搬到台湾。安阳殷墟文物也在转移之列，李济是这次的押运人。

很多人反对文物搬迁，李济心里也很矛盾，但他的第一考虑是保护文物，李光谟回忆那段时期，他曾听见父亲和朋友在聊天时说，“只要文物是安全的，无所谓去哪个地方。”别人劝他说，你不跟着船走行不行，他说，“不行，我要押运，东西在，人就要在。”

那时候很多知识分子还对国共和谈抱有希望，以为去台湾只是躲避一段时期的战火，等安定后再继续回来从事自己的研究。为了文物，李济决定携妻儿迁居台湾。这次搬家，他的儿子李光谟并不是很愿意，此前他在上海同济大学医学院读三年级，因为身体状况不好而休学在家。

到台湾后，因为曾经休学，当地学校都没接收他，最后李光谟只能选择转学，当时台大同意接收他，但是让他倒退两年，并要求学日语。李光谟不愿意，他决定回上海。

离开台湾的那天，李济没有来，只有母亲和过继的弟弟来基隆码头送他。李光谟当时并不知道这一次就是永别，他心里想着暑假还会回来。回到上海后，李光谟担任了学生会的负责人，参加了宋庆龄支持的人民保安队。南京解放之后，李光谟决定留在大陆，他给父母写了一封信，说“想看到一个新社会是怎样建立起来的”。

李济曾希望儿子学医，但李光谟却没有遵从父亲的意愿，他后来改学了俄文，加入了中国共产党，从事马克思主义哲学理论的翻译工作。1955 年，李济朋友的女儿从上海去香港，跟李济说起李光谟，李济才知道儿子到了北京，并已娶妻生子。从那以后，李济经常托在香港的朋友给儿子一家寄油、糖等日常物品。文化大革命开始后，李光谟和父母的来往更加不容易，收到了家书，马上就要烧掉。每一次运动都要被逼与在台湾的父母划清界线。1973 年前后，赵元任从美国回国，他见到李光谟的头一件事情，就是帮他照相。李光谟回忆说，“他说，要马上寄到日本去给他女儿，然后让女儿寄给我父亲。隔了一周见到他，他说，真糟糕，胶卷坏了。但是信息已经通过他女儿带到我父亲那里了，他们高兴坏了，因为之前都以为我在文革当中去世了。”

最后的《安阳》

李济到台湾后，很快筹备成立了台湾大学文学院考古人类学系。他在这个时期培养了不少优秀的考古及人类学人才，其中最突出的是张光直。张光直出国留学，成就非凡，38 岁升任耶鲁大学教授，48 岁当选美国科学院院士，后来又在 65 岁时获美国亚洲学会终身杰出成就奖，据说这是中国考古学者获得的最高国际荣誉。但他当时学成后没有回台湾，这令一直想让张光直接班的李济心里有些伤感。

身在台湾的李济一直在关注大陆的考古发展。他曾对 1949 年以后的大陆考古发掘报告提出过严厉的批评，直到西安半坡遗址的发掘报告出来后，李济对大陆考古学的印象才有所改观。

从专业讲，到了台湾的李济多少有些落寞，因为台湾也无多少古可考。他曾在纪念蔡元培先生的一次讲演会上说道："斯文赫定博士有一次告诉我说，三年不回到骆驼背上，就要感到腰酸背痛。这一句话最能得到考古组同仁的同情；他们却并不一定要骑在骆驼背上，他们只要有动腿的自由，就可以感觉到一种'独与天地精神往来'的快乐。"所以，在晚年行动不便时，他仍然坚持每周拄着拐去看台北故宫里的文物。台湾青铜专家陈芳妹回忆，"在青铜器前，他仔细端详，神情如此专注，如此不厌其烦，犹如古生物学家对化石的深入细微。"

李济晚年通过从日本买殷墟的图片继续研究，他最后出的几本书也都是关于殷墟的。

1977 年，81 岁高龄的李济完成了他一生中最重要的综合性学术著作《安阳》(Anyang)，为自己学术的一生划了一个句号。两年后，李济心脏病发，在台北逝世。

1949 年离别时，李光谟才 22 岁，此后到母亲去世，父亲去世，都没能再见一面。

1995 年李光谟再次到台湾，把父亲的手稿、信件和资料运回了北京。曾经因为空间的阻碍，父子感情变得疏远隔阂，但在对李济资料的整理中，李光谟渐渐理解了父亲对考古的感情，感受到父亲作为一名考古学家的生命能量。编撰父亲的书成了他退休生活最重要的内容。

1982 年，李光谟和张光直终于会面，一起编写了《李济考古学论文选集》。2006 年，由李光谟花了 8 年时间编纂整理的五卷本《李济文集》出版。

庄严

“宣统出宫，我便入宫，当的不是皇帝，而是一个维护民族文物国家重器的老宫人……”这是庄严于1969年8月自台北故宫博物院副院长任上退休时说的一句话。这位“老宫人”1920年入北京大学哲学系，毕业后经北大教授沈兼士推荐，担任“清室善后委员会”事务员，之后在战乱时期一路护送文物，历任故宫博物院古物馆第一科科长、安顺办事处主任、巴县办事处主任、台北故宫博物院古物馆馆长及副院长等职，为故宫博物院整整服务了45个年头。为此，他曾自豪地宣称“从一而终，亦不过甚”。

入宫

1924年年底，庄严进入刚成立的“清室善后委员会”为事务员，开始参与清点清宫文物的工作。期间有几个事令他日后津津乐道。其中一个是，某天他在清点文物的时候，竟然看见养心殿的书桌上，还放着半个吃剩的苹果。原来那是半年前溥仪接到出宫通知时，惊惶之余留下的。另一件事是溥仪出宫时，私挟“快雪时晴帖”，被驻警发现而扣留了。而三希中的其他的二希——王献之的“中秋帖”和王洵的“伯远帖”，很早就被溥仪的庶母瑾太妃偷偷卖到宫外去了。

第三件更是有趣，庄严后来在文章里写道：“我还记得那时候各宫清册的编排，是按照千字文的文字顺序来排定的，当时被编列为天字（乾清宫）第一号的物品，竟然是一张‘二层木踏凳’；这是一张放在屋内用来开关门扇用的红油木器，没想到竟成了故宫天字第一号的文物。”

自入故宫之日起，庄严先生便秉持着文物乃“学术公器”的理念，并将之贯彻一生。1926年春，28岁的庄严与同事合作，用故宫特制的纸张与印泥，将宫中所藏古代铜印1295方全部手钤，汇编26部，定名《金薤留珍》。这本印谱售价高达银洋100元，却深受欢迎，卖得很好，后来还一再再版发行，可见其意义。

迁运中的苦与乐

“九一八”后，故宫文物南迁，庄严参加了各种不同文物的装箱和迁运工作。从2月到5月，文物前后共分5批从北平运出，辗转到上海，分别存放在法国和英国租界。1936年，南京朝天宫旁的永久保存库修建完工，于是原存上海的四单位文物，便在当年年底，全部用火车运到南京新库存放。

在此期间，当时的政府遴选了735件精品，装入80个特制铁箱，运到英国参加“伦敦中国艺术国际展览会”。庄严与4位故宫同仁，一同押运文物搭乘英国海军巡洋舰，去了伦敦；这也是故宫文物首度到外国进行的一次非常成功的展览。

庄严的一生是随着故宫文物的颠沛流离过来的，故宫文物走到哪里，他便跟到哪里。

“七七事变”后，抗日战争爆发，故宫博物院南京分院文物分三路西迁大后方。庄严押运参加“伦敦中国艺术展览会”的80箱精品，先是借湖南大学图书馆暂存，再从长沙经广西桂林到贵州。他的妻子及3个未成年的儿子跟着他辗转奔波，他的四儿子庄灵出生在贵阳。最后，文物运到黔西安顺县城外的华严洞内存放，并且设置了安顺办事处。

当时庄严全家赁居在安顺县城内东门坡一幢两进木造民宅的右侧厢房，办事处设在文庙，而古物藏在南门外的华严洞。在这里，他们住了将近5年，平日庄严经常为公务往返于办事处和华严洞两地，家中大小事务都由妻子掌理。

贵州省比较贫困，战时物资缺乏，生活更是艰苦。那时庄严和同事的薪水常常无法按时汇到，为此妻子还得每天走好几里路到城外黔江中学去教国文以贴补家计。庄严的儿子庄灵回忆当时的情形，还记得很清楚：当时吃的都是羼杂着谷壳稗子和石粒的“八宝饭”，下饭的菜主要靠辣椒粉和酱油；穿的衣服全有补丁；书籍都是用发黄的“毛边纸”印的；晚上全家人看书和做功课，桌上只有一盏燃烧菜油和灯芯草的“灯碗”。

艰苦的日子里一样有乐趣。每逢假日，庄严会带着孩子们步行到华严洞去玩，偶尔还会留在洞口旁的中式阁楼会诗寮过夜。庄灵记得华严洞里又黑又深，走路到不了底，有些地方还会滴水。每天清早，负责守护文物的驻军会在集合后，踏着整齐的步伐高唱雄壮的“大刀进行曲”。

贵州山区气候潮湿，天气好的时候，庄严和故宫同仁会开箱，晒晾容易受潮的字画，小孩子们会好奇地在一旁观看。庄严就乘机给他们讲解名画的知识。这是特殊时期的特殊美术启蒙，庄严和他的哥哥们逐渐认识历代的名画家，甚至对他们传世作品的画题和内容也都能熟记于心。每晚临睡前，庄严还会和他们玩一种“名画接龙”的游戏，要每人按朝代、画家和作品的顺序接龙。庄严先说：“宋代”，大儿子就会接说：“董源”，二儿子接说：“洞天山堂图”；这时三儿子便得接说另一朝代，由庄灵再接说画家名字。如此持续背诵接玩，直到有人说错认输，或玩累睡着才停止。这样下来，孩子们对于看过的故宫名画，渐渐都能牢记在心了。

1944 年年底，贵阳告急，政府为了这批存放在华严洞 80 箱文物精华的安全，决定将它们也撤往四川；于是庄灵全家便又得紧急处理所有家用杂物再度和古物一道，转移去四川。那年庄灵 6 岁，才刚刚念完幼儿园。

庄灵记得很清楚，车队出发的时候，两旁都是扶老携幼挑箱逃难的难民，绵延有好几里长。一路上经过贵阳，穿越息烽口，小心翼翼地缓慢驶过只用木材搭建走起来嘎嘎作响的乌江大桥。在遵义附近能看到低空盘旋的日本侦察机。

迁台后的牵挂

抗战胜利后，故宫文物转移到了南京。国民党从大陆撤离时，故宫文物用军舰运到台湾。庄严和尚未成年的庄灵几兄弟押运着第一批文物，一

庄严

20世纪20年代的马衡先生

起到了台湾。庄灵还记得当时航行的情形，那几天海面上天气阴沉，风强浪高，坏了一个推进器的“中鼎号”在海中前进，左右前后上下摇晃，人睡在大统舱，由文物箱子堆栈成上面铺盖着油布的平台顶上，觉得自己就像被不断摇筛的煤球。一只随船的黑色大狼狗，由于晕船的关系，嚎吠得十分难听。就这样熬了四五天后，才终于到达基隆港。

故宫博物院的院长马衡是庄严北大时的老师，对他非常器重。但对于后来文物是否要迁运台湾，两人意见完全相左。当年庄严奉命押运第一批文物，即将启程时，人在北平的马衡曾经给庄严写信说，如果他去台湾，就断绝20多年的师生之情。据庄灵回忆，这是庄严心中的一块隐痛。

另外，他在台湾一直牵挂着石鼓的事。当年文物从故宫南迁，庄严奉命负责把安定门内国子监两庑的秦代石鼓包裹装箱，和故宫文物一起南运。最开始庄严不知怎么包装又大又重且又极易损坏的石鼓，大收藏家霍保禄教了他包装石鼓的密方：用镊子将极薄极软的湿棉纸谨慎小心地把石鼓上已有风化现象甚至裂缝的地方一丝一缝逐步填实，再一层层包裹捆扎。庄严花了一个月的时间才终于完成这项艰巨的包装工程。这批石鼓自从战前在北平装箱运出，一直到运回南京，20多年来始终不曾开箱看过。石鼓留在了大陆，庄严在台湾悬念不已，甚至“每一想起即寝食不安”。

许多年后，大儿子庄申从香港带来消息说，有一本专谈中国艺术的书《遐庵谈艺录》中曾经谈到石鼓后来开箱的情形：“一九五六年故宫有设置铭刻馆之议，因约同人于英华殿开箱检视有无损坏，余与焉。启箱则毡棉包裹多重，原石丝毫无损……”这个消息让庄严十分激动，他后来在《山堂清话》书中写到：“当我看完这段文字之后，不仅如释重负，内心更为之狂喜不已，四十多年来对于这批国宝之运迁与维护，终于得到圆满的交代。”

两件憾事

庄严常对儿子们说，他此生有两件憾事：其一、未能使三希堂的三希在台湾重新聚首。

他在《山堂清话》的“我与中秋、伯远二帖的一段缘”中曾写到过，当时第一批文物南迁之前，郭葆昌邀请马衡和庄严等人到他家吃饭，拿出了珍藏的中秋、伯远二帖供大家观赏。庄严回忆说：“三希帖为人间至宝，人世众生芸芸，几人能有机缘目睹一面，而他个人居然独拥其二，实在值得自负。”那时候郭葆昌曾当来客及他的儿子郭昭俊的面说，在他百年之后，把这二希帖无条件归还故宫，让快雪、中秋、伯远三希再聚一堂。

后来文物迁台，三希中只有《快雪时晴帖》。郭昭俊曾带着中秋、伯远二帖去台湾愿意履行他父亲生前宏愿，但希望能得到一些报酬。国民党政府当时资金紧缺，无力顾及。于是郭昭俊携此二帖远去香港，后来转售给大陆。三希帖至今仍没能聚首，这个遗憾让庄严耿耿于怀。

而庄严第二件最大的遗憾，便是在有生之年，不能亲自带着这批迁台的故宫文物，重新回到北平故宫，回到他成长求学、立业成家、浸润深耕历代中国文化艺术的故乡。他自己的一首小诗反映了他的复杂心境：“我与青山结宿缘，岩居招隐四十年。此日披图重太息，何时归卧故乡山。”

1980 年，82 岁的庄严因肠癌病逝台北时，他的一生挚友台静农送给他的挽联写道：

历劫与建业文房并存，平生自诩守藏史；

置身在魏晋人物之间，垂死犹怀故国心。

那志良

说起自学成才，那志良是个代表。作为贫穷旗人家庭的孩子，那志良只读过几年免费的慈善中学，后来在恩师的介绍下去故宫做了一名看

故宫博物院（1925年）

故宫博物院（1925年）

管清点文物的职员，在典守故宫国宝的几十年里，无论战乱迁运，一直坚持研究，最后成为一代研究古玉器的顶级专家，中间的曲折过程，自然一言难尽。

进　宫

那志良 1906 年生于北平。在他 15 岁时，一位叫陈垣的先生得到了一笔华侨捐款，办了一所免费中学。为了节约学费，父亲让他转入了这所中学。这个决定改变了他一生的命运。

原本就成绩优秀的那志良在校每学期都是学业榜和操行榜的双料冠军，深得校长喜爱。毕业后陈校长让他留校当老师，半年后又介绍他到故宫做事。溥仪出宫后，故宫成立了清室善后委员会，接管宫中文物。1925 年，19 岁的那志良正式成为“清室善后委员会”的一名职员。第一天有人带着熟悉环境，第二天就分到斋宫，开始清点文物。那志良与故宫珍宝的缘分从此开始。

那志良进宫的10个月后，紫禁城正式改名为“故宫博物院”。

北伐成功后，博物院的工作正式展开，那志良被分派管理玉器，在这期间，他接触到大量的故宫珍贵玉器，比如著名的“翠玉白菜”，最开始居然“种”在一个珐琅花盆里，旁边还生着一棵小灵芝。大家讨论觉得不合理，后来斋宫成立玉器专门陈列室，他们就把“翠玉白菜”单独展出，受到欢迎，人见人爱，到后来去了台湾，名气越来越大。还有“肉形石”，大家喜欢讨论它是人造的还是天然的，最开始并不受关注，后来陈列出来，却一炮而红。那志良觉得那个时候大家整理玉器时，随时研究，随时说笑，是最快乐的时光。在这种轻松的快乐里他也了解到一些基本的玉器知识，这最初的粗浅认识引发了兴趣，使他在兵荒马乱的岁月里，超越了一个普通人对待一份职业的本分，上升到了不离不弃的热爱、投入，最终，成为他生命里最重要的一部分。

南迁

1931年爆发了“九一八”事变，东北沦陷，华北告急，故宫就开始准备将文物装箱撤离北平南迁。当时兵荒马乱，故宫资金缺乏，连工人的工资和取暖费都发不出来。因此院方为了省钱，竟决定用装纸烟的旧木箱以及旧棉衣上拆下来的黑棉花装运国宝。那志良和同事们发现此法不可靠，一起去找院长，才终于把箱子换成了新木箱，而且全部改用新棉花填充缝隙。那志良负责玉器的装箱，他仿效江西景德镇装瓷器的方法，把沉重的玉器和玲珑小巧的玉件分开装，都装得满满的，这样不容易破碎，也能尽量装得多。

1933年2月6日晚上22点30分，这批文物在大批军警的监视下从故宫运到北平车站，由火车运往上海。而外界反对迁运的声浪很高，出发前那志良还曾接到匿名的威胁电话，家里人劝他辞掉工作，但他并没当回事：“他们只是吓人而已，怕什么！”从这一天夜里，近两万箱，近百万件文物，开始了数万公里的南迁历程，历时 15 年。

那志良随这批文物到上海、南京，之后又迁到长沙，其中最重要的 80 箱文物由庄严负责从长沙辗转运到贵阳安顺华严洞存放。那志良奉命北上宝鸡，在那里，他接收保管了国子监托故宫博物院院长马衡运送的石鼓，又一路护送到峨眉存储，那志良自己就在库房边保管石鼓，天天对着石鼓，搜集石鼓资料，后来运送回南京，也是他一路押运。这段经历的积累让他在台北写成了一本《石鼓通考》。

关于这段南迁经历现存资料不多，那志良保存了大量这段时期的往来公函、字条借据和运输账册，甚至还有采买用品的清单。这些资料的保存对后人了解故宫文物南迁的历史有参考价值。比如当时有很多盖好印章的故宫空白介绍信，说明当时交通不发达，故宫和各地文物押运人员联系很不方便，很多事情都是先斩后奏的。

台湾后来没有太重视那段历史，那志良故去后，台北故宫立刻要他的家人把他的遗物从宿舍里搬出去。那志良的儿媳王淑芳就找到那志良在台湾艺术大学教书时的学生王庆台，委托他保管。王庆台把这批东西运回自己家，花了 5 年的时间慢慢整理，发现了很多有价值的东西。后来他决定把保存的研究资料捐给台大民俗艺术研究所，南迁资料捐给大陆。

1937 年，卢沟桥事变后，日本人又在上海发动“八一三”事变。近在咫尺的南京政府为了保护文物安全，又开始安排疏散到后方。这次迁运马衡派庄严负责，那志良参与运输。文物迁运到长沙后又多次转运，宝鸡、汉中，每个地方停留不过月余，最后运到了成都，存放于大慈寺，后又转运到峨眉。

长期的接触和研究加深了那志良对故宫文物的感情，对于他而言，这些文物已经不是没有生命的器物。前台北故宫博物院工作人员，也是那志良的学生傅乐治先生记得那志良经常讲一个故事，文物南迁时卡车翻过一次，结果里面的文物丝毫无损。还有一次搬迁队伍到了陕西大循，文物到达后先全部放进当地学校的图书馆，休整后接着再迁走，而就在他们走后没多久，整个学校被炸了。对于这些经历，那志良感触很深，说时间追着他们走。他们保护的这批文物随时都在搬迁，每离开一个地方后，回头一看，那个地点就已经面目全非了。战乱中路途惊险甚多，而近百万件文物，却毫发无损，冥冥中，似乎有天神在佑护一般，那志良在自传《典守故宫国宝七十年》里感叹："都说古物有灵，炸不到，摔不碎，是真的吗？"

过程虽然惊险辛苦，生性豁达的那志良不忘领略沿途景色风物，蜀地的秀丽景致给他留下了深刻印象，成都的浓厚学风也让一直孜孜不倦研习的他欣喜，他甚至买到了一本久觅不得的书。到达目的地峨眉后，除了给文物做定期抽查，消灭白蚁之类的琐事外没有太多事做，那志良有充裕的时间做研究，不过他并没有想到，在峨眉一呆就是 7 年之久。后来那志良的父亲在战乱中故去，他把家眷也带到峨眉，自己潜心研究这些文物，尤其在玉器方面更是花了大功夫，终于成为中国研究古玉器的顶级专家。

迁　台

1948 年底，国民党政府眼看大势已去，决定将故宫宝物运到台湾。那志良当时提出了反对意见，他觉得国共之争，与抗战完全是两回事，抗战时唯恐把国家文物陷入日本人之手，是必须要迁移的，这回却完全不同，他并不愿意为了政治问题影响到文化事业，因为在爱国宝如命的他看来，文物多一次搬运，便多一次损失。

可是，国民党政府已经下了命令。杭立武解释说文物的迁移，是为了古物安全，南京大战在所难免，文物倘有损失，大家良心上也过不去。最后负责挑选这批运台文物的是号称"故宫四大金刚"的专家：书法专家庄严、瓷器专家吴玉璋、图书专家梁廷伟以及玉器专家那志良，他们从堆积如山的文物箱中抽出自己眼中的精品，构成了今日台北"故宫博物院"价值连城的馆藏。据杭立武《中华文物播迁记》一书记载："南迁

“国立中央博物图书院馆联合管理处”文物箱件迁离台中糖厂库房

北沟库房文物箱件贮置情形

书画9000多件，运台5458件，其中就有堪称‘中华第一宝’的书圣王羲之《快雪时晴帖》；南迁铜器2787件，运台2382件，其中就有铭刻字数最多的西周重器毛公鼎。”

迁台文物一共运了3批。那志良负责押运第二艘船，于1949年1月9日到达基隆。

文物运到台湾后，暂存台中糖厂仓库。糖厂开工后，文物要另觅存放处。那志良不大注意穿着打扮，跟随查访时穿着棉袍和蓝布大褂，常引起当地妇女们发笑，她们没见过这种装扮。最后由杭立武带领理事会选定了台中雾峰乡北沟。1950年，在北沟租了地，盖库房存放文物，又盖了宿舍分配居住。那志良分到北沟宿舍，负责保管文物，一直住到台北故宫新馆落成，才搬去台北。

之前大家都没以为能住长久，联管处为专家们修建的房屋都是铺着“榻榻米”的简易房，连家具都没有。后来大家想买家具时，那志良主张只买竹桌竹椅，不买木制的，以免要回北平离开这里时扔了可惜。库房也盖得比较简陋，屋顶的瓦时有破损，一下雨就漏水。《四库全书》有些部分被水浸了，那志良他们就开始做修补的工作。

生活也同样艰苦。当时物质缺乏，经济状况困窘，家家户户都养鸡，

那志良

那志良和家人也养了一些鸡，卖的时候被小贩把价钱压得很低。那志良一气之下自己提着鸡到台中市场上去卖，结果卖的价钱比小贩给的还低。这件小事被那志良当作笑话跟以后的学生们提起。

到台湾一年后，那志良心里已经知道，在台湾不会是暂时的了。一年中他目睹了很多官僚行径，无聊是非，心中有时会后悔台湾之行。

1951 年 9 月，那志良的儿女们均出外上学，在孤寂的心情里，他开始记日记，从他的日记可以看到当时在台中的生活并不太如意。迁运到台湾的工作人员和家属都有配给的钱粮，但由于某些官员的官僚作风使分配并不及时，引起那志良和另外一些工作人员的不满，他们报告给杭立武，杭立武出面调停却无效。现实让那志良无奈，在日记中说："我不该为小事发愁，为闲事生气，我应当喜喜欢欢的继续努力。"除了每日打扫、烧水、喂鸡的家务事外，他放了更多的精力去做自己的研究。在玉器制作部分，经统计，包括他写的推广经历小书、专门性的著作、翻译性的著作、合著的著作，大概有 34 册之多。从最早的器物学，到古玉通视，有关玉器方面占大多数。那志良在玉器方面的研究非常投入，许多资料自己亲自去拍摄留存。比如早期的玉作坊，按照传统作法，所做的玉的开、切跟剖，包括说凿的这些照片资料，世界上可查到的非常少，那志良的著作里做了很多注解和注释，中国的古玉因他的研究而留下了很多珍贵的资料。

对文物，那志良始终有一份特殊的亲近和感恩，他自己曾说："从任何方面看，我与文物的关系，至为密切，我半世的精力消耗在文物上，而文物使我增进不少学识，养了我全家。"

晚　年

1965 年台北新馆建成后，那志良跟随文物从台中雾峰北沟的临时仓库搬到了台北士林外双溪。那里专门修建了 4 间一级专家宿舍，那志良在那里住了 30 多年，直到 1998 年去世。

在台北故宫博物院，因编辑过《故宫书画录》和《故宫名画三百种》，那志良被任命为书画处处长。后来因为他的小儿子做生意需要一笔钱，那志良觉得退休可以拿一笔退休金，就退了，然后靠在各大学开设玉器鉴赏课挣钱养家，一直干到80多岁。后来小儿子因病去世，他又抚养儿媳和孙子。在台北故宫展览组的张允芸女士看来，那志良是一个令人尊敬、又令人心疼的老先生。

1978年台湾艺术大学聘请那志良去教授古器物学。在王庆台的回忆里，那志良温文儒雅，非常准时。一般艺术学校的学生，上课是最散漫悠游的。但是那志良上课不用点名，学生很自然就准时到课。那个时代有关艺术理论的著作非常少。那志良开的第一门课，是从学术理论、学术角度、创作原理和历史典故来谈中国文物的源流、中国文物的价值，很吸引学生，是系里很叫座的一门课。一个中学毕业生在大学讲台上授课，多年以来从最近距离的接触和最实地的研究中积累而来的学问知识，想来才是最有分量的。

那志良有时会和王庆台等学生聊天，说到两岸局势，他认为将来必然会走向复合，故宫文物属于全中国人，是一个历史的结晶。他一辈子操心的、琢磨的就是怎么去善待这个文物，故宫文物已经成为他生命的一部分。从进故宫工作开始与国宝结缘，几十年间他恪尽职守，只想完成自己的使命。

说到那志良对文物的爱惜和严谨，有许多故事。一次台北故宫文物到纽约展出，美国《生活》杂志前来拍照。为了表现出一个清代瓷碗的薄度，摄影师拍死一只苍蝇放在碗内，这样从外面拍照，苍蝇便清晰可见。然而这个别出心裁的创意却遭到那志良的拒绝。他坚持认为国宝不能沾有污浊之物。几经争执，摄影师只好妥协，换了一只草虫。

不仅如此，他家中没有任何文物藏品。因为人在故宫，一定要避嫌。他把这称作文物守护者的基本职业素养。甚至，他招收弟子的前提也是不准购买古玩。

那志良还非常节俭，据张允芸女士回忆，为了省钱，他一直坐公共汽车，连牙疼去医院看病也是如此。去世前一个月，他写完了回忆录《典守故宫国宝七十年》。其实到那时为止，他在故宫共69年，他对家人说：“70年是个整数，我就揩油一年吧！”

1994年，当年曾与那志良一同共事的单士元访问台湾，与那志良在几十年后再见。当单士元问及第一批南迁时的4位元老，那志良轻轻回答，已故去3位。而那志良也迫不及待询问当年留守在故宫的几位故友，单士元只说了三个字：“没有了。”

慨叹往事如烟的两位老人，谈到护送文物的艰险。那志良护送的13000多箱故宫文物，5年的颠沛流离，辗转大半个中国，没有一件丢失或损坏，堪称世界文物史上的奇迹。

往事如烟，单士元与那志良当时心里感慨，能侃谈初建北京故宫博物院者，海峡两岸故宫各只剩一人了。

1998年5月，单士元去世。4个多月后，那志良也故去了。从此，一段活的历史便随他们去了。

昌彼得

昌彼得，1921年出生，2008年他接受采访时，已经87岁高龄了。操着一口浓重的湖北口音的他，穿着一件红色的花衬衫，在你面前绘声绘色地讲他的过往经历，你真的很难把他和台北故宫的副院长、图书专家这些头衔联系在一起，相反你觉得他活脱脱像一个武侠片中的老顽童。

就是这样一个可爱的老人，他一辈子都在和一个听起来非常枯燥的东西打交道——版本目录学。30万册善本书籍、40万件清代档案，都是在他的主持下考编目录的。再有更让人叹为观止的《四库全书》，索引编撰也是他主持的。也许很多人对《四库全书》到底有多少还没有概念，《四库全书》有3万6千多册，总字数达9亿之多，全书共230多万页，连接在一起，足够绕地球赤道一圈还要多。而昌彼得主持了这部书的索引编撰，后人再想使用这部书的时候，就不用再面对上万册图书而一筹莫展，轻而易举就可以找到自己想看的那部分，因此我们着实应该感谢一下他——昌彼得。

去台湾

昌彼得和其他人一样，是跟随文物去台湾的，不同的是他的经历还有一点小曲折。1948 年的时候，他本来是要跟着第一批国宝到台湾的，可是突发事件导致他上了船又被撵了下来。

1948 年 12 月 21 号，昌彼得随第一批押运的人到了下关码头，发现海军总部的眷属把整个甲板都站满了。他们勉强挤了上去，船走不了，他们躺在甲板上面睡了一夜。第二天清晨傅斯年来了，看到这个情形，觉得非常危险。“中鼎号”是艘登陆艇，平底的，在海上会颠簸得很厉害，如果甲板上面人太多，船重心不稳随时可能翻过去。

后来，海军舰长决定退出一部分士兵，腾出 4 个舱位，但押运文物的人还是不能都住下。故宫有 3 位，中央图书馆有两位，中央博物院的有两位，最后昌彼得只好和其他 3 个人下了船。“中鼎号”开走了。

其实昌彼得等人接到文物要去台湾的命令是 1948 年 10 月的事，为准备文物运台他们已经奔忙了两个多月了。

昌彼得

中央图书馆的善本书很多，昌彼得和其他工作人员要定制木箱，把书籍装箱，还要抄册子，工作很繁复，所以差不多花了两个月时间才全部完成，可以运送。

没赶上第一拨，昌彼得变成第二批。1949 年 1 月 6 号，昌彼得搭第二批的"海沪轮"，离开了南京。"海沪轮"是一个商船，舱位都很多，路途中还算舒适自在。后来昌彼得听说第一批船上的人被心怀不满的舰长在风里训话，觉得自己运气不错，就这样，很顺利地到了台湾。

到了基隆码头后，第一批到达的人去接他们，然后大家直接坐火车到了台中。到台中后，一开始住旅馆，后来搬到宿舍，暂时定居下来了。昌彼得感到那时候台湾很贫穷，冬天时很多穷人家没有御寒的衣服，就拿一个烘笼放在脚底下取暖。之前台湾只有600万人口，大陆迁台的人陆续到达后，台湾人口到了1000多万。

昌彼得与《四库全书》

《四库全书》是中国古代最大的一部官修书之一，也是中国古代最大的一部丛书之一，分经、史、子、集四部，故名四库。在清乾隆时编纂，从1772年开始，经10年编成，共收录古籍3503种、79337卷、装订成3万6千余册。"四库"之名，源于初唐，初唐官方藏书分为经、史、子、集4个书库，号称"四部库书"，或"四库之书"。经、史、子、集4分法是古代图书分类的主要方法，它基本上囊括了古代所有图书，故称"全书"。

昌彼得记得《四库全书》的一些往事。当年商务印书馆在上海时印过一批《四库全书》，从珍本抽取的。由王云五主持。后来王云五到了台湾，商务印书馆又打算把在上海出版的书再翻印一回，第一个就想再印《四库全书》珍本。印出来就叫做珍本二集，珍本三集，珍本四集，一直印到珍本十集。后来再印就叫别集。印了别集，王云五去世了，张连生接任总监理。

张连生想印《四库全书》，跟昌彼得商量。昌彼得认为，印《四库全书》当然是好事，但这个事不能轻易决定。因为原来印的珍本抽取不过三分之一多一点，已经是个浩大的工程了，要印全本，不是个容易的事。昌彼得甚至担心商务印书馆这个已经成立90年的百年老店，会被这个大工程拖垮。

昌彼得的担心不无道理，因为《四库全书》过于浩繁，印出来数量庞大，万一卖不出去，商务印书馆的经济就会有问题。张连生也认为兹事体大，跑到阳明山把自己关在一个小旅馆里，谢绝一切应酬，好好思考了几天，想出了一些销路上的办法，最后决定要印。

一旦决定要印，昌彼得就开始尽心帮忙，他陪张连生到韩国、日本，去访问很多大学，介绍《四库全书》的重要性，向他们推销。这种方式果然有效，《四库全书》印出来后销路不错。当时一共印了300部，一部160万，除了要存30部送到故宫作为教学材料，其他的都卖出去了，到最后，还有人想买都买不到了。

《四库全书》的印刷过程非常不容易。商务印书馆在故宫的旁边搭了一个棚子，当作工作室，每天工作人员来了先编好每页，因为怕中间有丢失，又要照相，各方面都非常细心。印刷的工作室就在故宫旁边，盖了个临时的房子，几个工人在那边做工作，这个房子用完了就撤掉了。整套书前后印了五六年，3万6千多册，筛选、编好、装订，做起来相当麻烦。但这几年之中没有出过差错，在昌彼得看来非常难得。

《四库全书》卷帙浩繁，内容丰富，但册数太多查找起来不太方便。这是因为当年乾隆皇帝急着要完成，所以抄写的人就把目录的部分都删掉了，只留下正文，没有目录。所以在整套书出版3年后，昌彼得成立了一个《四库全书》索引的编纂小组，召集了三四位大学的研究生来协作，编辑索引。索引原计划编成十宗，后来编成了三个，一个是专辑指导索引，一个是文集篇目索引，一个对着书籍的索引。三个索引共15本，有了索引后查到起来就方便了。后来这15本索引也卖得很好，后来还再版了。

给台北故宫的30套《四库全书》，故宫没有地方放，要占很大一间房子，当时的院长蒋复璁送给严家淦一套，送给蒋经国一套。有的送到了金门，那时金门比较穷，没有书。还有的送到了世界各地的文化中心，以便各国的学生查阅使用，达到了文化远扬的目的。

关于《四库全书》，还有一些事留在昌彼得的记忆里。1963年《四库全书》发生被泡事件时，有两本损坏了。昌彼得记得当时是一个图书文献区叫赵天明的同事修补的，赵天明照着《四库全书》的本子用正楷字抄写，花了将近一年的时间。在昌彼得看来，抄古文献是一件正常而简单的事。

昌彼得眼中的蒋复璁

在昌彼得眼中，蒋复璁是中国旧派的派头，人很瘦，背有点驼，"弯弯的、瘦瘦的，就是这么一个人。"

蒋复璁和昌彼得是同行，从在南京起，两个人关系就比较深。蒋复璁总是想着做事，对人际不大在意，所以不少人不太喜欢他，开会时还会顶撞他，可他并不生气，不放在心上。有时跟别人讲话，别人不听他回头就走掉了，"他根本不想这个事情，就想别的事情，就是这么一位老先生"。

中央图书馆的12万多册善本书，是1940年蒋复璁去上海收购的，当时日本军队占领了上海，他拼着性命带着这批书离开，由上海坐船到香港，再由香港坐飞机到重庆，迟一天有可能就跑不掉了。所以他对这批书有感情，等于他的生命。

1954年时，因为台湾没有书，想买买不到，"中央图书馆"藏的书都放在台中，大家也看不到，所以蒋复璁决定要把"中央图书馆"恢复。那时候政府没有钱，也没有地方，蒋复璁把一个日本神社作为"中央图书馆"复馆的筹备区，用这个地方慢慢地来扩建，这是最让昌彼得佩服的。那时候的预算一年

蒋复璁

只有20万块钱，人事费用、行政费用都要花钱，蒋复璁是尽量地节省，还经常到教会去募捐，捐来钱就盖房子。用了大概10年时间，蒋复璁把一个破破烂烂的神社，变成了台北市最标准的一个宫殿式的建筑。那一年9月，“中央图书馆”在台北复馆了。昌彼得感叹，“这就是蒋先生。”

1965年，蒋复璁当选台北故宫博物院第一任院长，出乎许多人的意料。因为当时有很多强人，比如李济，是中央博物院的筹备局主任，比如王世杰，是原本故宫的人，他们都没有得到，大家一看，来了一个搞图书馆的人到故宫来。

蒋复璁在故宫干了18年，干得很苦。昌彼得回忆他的青年时代，生活也非常艰苦，那时蒋复璁在“中央图书馆”，就住在馆里的一个小房子里。这种清廉贯彻了他的一生。所以在昌彼得心目中，对于他当选院长一点也不意外，认为他对台湾的文化推进有相当大的贡献，他在“中央图书馆”复馆一事上从无到有的经验和毅力让人感佩。

索予明

索予明是故宫搞漆器研究的一个专家，今年90岁了。当初故宫文物迁台，分三批走，他押运的是第三批。战时什么都紧张，前两批也不容易，但第三批的经历最曲折。当年31岁的索予明是押运第三批文物的人里唯一还健在的一位，现今，那一段不为人知的历史，也只有他能讲给后人听了。

第三批的迁运风波

第三批是1949年1月29日离开南京的，2月22日才到台湾，中间走了20多天。通常南京到台湾只需要3天，之所以这么久，是因为出了意外。

运送文物的有几个不同的机构，文物的数量有些混乱。文物开始都堆在南京下关码头江边，当时没有起重机，船来了，就找工人把箱子一个一个搬上船。据索予明回忆，第一批船起航时，有人送来了几件文物，其中有价值昂贵的翠玉屏风和玉花瓶，都是当初汪精卫伪政府带去日本谈和的礼物，抗战胜利后日本归还给中国。杭立武觉得这几件文物很有意义,想带到台湾去,但前两批船都走了,只有第三批的“昆仑号”。但“昆仑号”已经装得满满当当，最后这几件塞进了船上的一个小房间里。屏风很长，装进去和取出来都颇费了些力气。

索予明说屏风是中国一个很特别的陈设，“中国的屏风的几折大小，屏风是八字，他是再折起来的，折起来好收藏。折起来，他分成两个，一个四折，两个八折，合起来是八折屏风。打开以后七尺到八尺那么高，比我们人高一点”。

曾经在台北故宫博物院参观过翠玉屏风的游客，总是会被它的雕刻精美、富丽堂皇所吸引，但是对它的来历却知之甚少。在它原装木箱盒上尚有汪精卫亲笔书：“昭和天皇陛下，汪兆铭敬赠。”由此，我们可以得知,这样一件国之珍宝曾经被当作讨好日本天皇的礼物,送往他乡异国，然而它又是如此幸运，在历经磨难之后回到了中国。

这个翠玉屏风是八牒式折屏，高 1.84 米，每牒宽 34 厘米，原木框架，分段镶入镂雕各式花边嵌翠玉大小数十片，十分精美。

索予明先生在其著作《漆园外摭》中，记录了一件有关翠玉屏风的轶闻，秘鲁总统的女儿埃莲娜偕同夫婿来台湾蜜月旅行参观台北故宫博物院时，对翡翠屏风赞不绝口，她曾对记者说，参观台北故宫博物院是她最愉快的一天，而给予她印象最深的一件中国艺术品就是翡翠屏风。现在这件珍宝被收藏在库房，没有公开展览。

说完了翠玉屏风，让我们再回到迁运中来。第三批船离开南京之后，不到 12 个小时后，在路途中遭到解放军的炮火拦截，船身有部分损坏，人员躲在船舱里，船趁着傍晚时晦暗的光线迅速逃离。

这批船上有五六十人，押运文物的有 3 个机构的 6 个人。船上物资和淡水缺乏，所以第二天到了上海，船停下来补给。大家上岸去买水，有些人直接从上海回了南京，没再上船。

船走到长江口时突然往北开，北边是解放区，南边是往台湾去。索予明回忆说当时船上的人感到很奇怪，怎么往北边走了。后来才知道是船长想起义，而船上的大副和枪炮官联手静悄悄地把船长给架空了，没有发生激烈的对抗，平静得让船上大部分人都没有感觉到。经历过这个敏感事件的人都守口如瓶，索予明的回忆录里没有写道，那艘船当时的副船长后来也出了一本回忆录，也没有提及。直到现在，索予明接受采访才证实了这个事。

从那以后，船一直走走停停，索予明记得在舟山因为修船停了 7 天，在马尾又停了 10 多天，没有人说明是什么原因。就这样，20 多天后才到了台湾。索予明感到幸运的是“路上一路波折，东西到了一点都不少，这就算不幸中之大幸”。

而不幸的是，索予明这一走，就永别了亲人。之前，南京局势混乱，他托一个朋友把当时 50 多岁的母亲送回了老家。走的时候他接到命令就走了，并不知道情况怎样。谁知道，这一别就是 30 多年。1981 年他终于回到大陆探亲，家里全变了样，家族里的所有人都不在家了，有的被下放到云南，有的被派去了新疆，剩下的老年人都不认识。最终他得知母亲已经去世。他是家里的独子，他走了后母亲就孤单一人。母亲的房东告诉索予明，他母亲的身体很差，有病的时候没人照顾，“有时一口面条还没到口里，就掉到地上去”。

北沟 17 年

船在台湾靠岸时船上的官兵征求押运文物的专家的意见，停在高雄还是基隆。索予明他们认为从基隆到台中交通会方便些，就停到了基隆。上了码头，头一天晚上住在一个旅馆里，房间虽然简陋，可索予明觉得当地人的招待态度很好，台湾给他留下了不错的第一印象。住了一晚后，第二天跟台湾铁路局交涉好了，他们就乘火车到了台中。

到了台中之后，三批文物都到齐了，共有3000多箱，需要一个稳妥的地方堆放，在台中糖厂仓库暂存了一段时间后，又搬到了雾峰北沟村，建了仓库和宿舍，文物和它的保护者们在北沟一住就住了17年。

在北沟，所有的人员分组，十个组在一起办公，各有各的业务，故宫组的人保管故宫组的东西，“中博”组的人保管“中博”组的东西。初到台湾安顿下来，说不上出版、研究，重点就是在保管。索予明说当时就是想把这个东西保管好，“这个任务现在是达成了，到现在我一直还在保管这个”。

他和其他几位故宫的“老宫人”一样，在保管的过程中，自己也做研究，但到台湾之后，想继续做研究，都找不到参考书。文物不能随便开箱看，故宫博物院跟“中央图书馆”有几千部书，也不能拿出来参考，迁运过程和最初安顿时的重点只在保管。安顿好以后，才慢慢开始业务推展。1951年前后，有人提议应该清点文物，得到了理事会同意，于是开始清点文物。各组把箱子打开跟名单对照。由于文物数量庞大，清点工作展开以后，差不多10年才结束。大家发现文物基本上没有丢失和损坏，可以称得上奇迹。

清点过后开始办小型的展览。在北沟建起了小型的展览室、陈列室，把文物分批展览。很多人慕名去参观，包括一些文化名人，如张大千。

索予明

蒋介石跟宋美龄也去过，宋美龄喜欢国画，曾跟一个国画大师学画。另外还有一些国宾和政要，如英国学者大威德，他收藏了很多中国瓷器。当时这类的文化交流不少。

在北沟生活了 17 年，索予明觉得那时候台湾或者乡村里面很朴实，跟大陆上没有什么差别，“过年过节的时候家家贴春联，当地人还拿着红纸来请我们写,然后回家去贴。过年过节大家家里都准备了很多吃的东西，到哪一家去就坐下来吃东西，跟大陆上没有什么差别”。

北沟的生活虽然清苦，索予明却很怀念那种淳朴的乡情。一开始，他们听不懂当地的闽南语。“到家里来坐坐玩玩就是（来剃头)。常常误会了，他家里开剃头店吗？”后来知道说的是“来里头”，使索予明感受到当地很浓的人情味。北沟是小村子，买东西常要到雾峰镇上去，索予明有时忘记带钱，但东西照样能买回来，“买一罐奶粉，买一点饼干这个样子。没关系，人都认识，这就是蛮有人情味，不像都市里面，都市里面就没有这种人情味”。

而远离尘嚣的恬淡生活也为这些钻研学问、不理世事的人所喜。在北沟上班没有太多规矩，比较自在，索予明、研究摩梭文的李宁成经常搬一把躺椅坐在树荫下，一人拿着一本书，穿着拖鞋，打着赤脚。有来参观的外国人去找他们，会很诧异。“他说今天是放假吗？没有，我们在上班啊。他说你们这样叫上班啊？”后来索予明到了台北，每天上班穿着西装，打着领带，他感叹北沟那种日子不会再回来了。

回忆李济

在故宫待了这么多年，故宫里面的文物索予明个人比较喜欢青铜器。李济在台大当考古系的主任时，索予明跟他学习铜器。在索予明眼里，李济做事情很严格，要求很高。最开始索予明碰到李济是在抗战期间，那个时候李济在中央博物院的筹备处。在中央博物院那段时候，索予明是李济的助手之一，帮他整理东西。最开始到博物院，索予明跟着李济做器物测量画。当时李济研究的东西中有青铜器，可是那个时候殷墟发现的青铜器数量并不多，但是中央博物院收藏的青铜器非常之丰富，非常之精彩。所以中央博物院就把这个铜器拿出来，做卡片和插图。从李济那里，索予明学到了很多古器物的知识，他能清楚地回忆起李济给他们详细讲解古时候的酒器的历史渊源和演变。

索予明说中国人研究东西有一个习惯，有文字的都是最好的，文字代表文化。在重庆时，他们研究青铜器的不叫器物学，而叫经石，经石学，研究铜器上的铭文、石刻。石刻在中国也是很特别的东西。古时候的人去世后要立一块碑，把他这一生记下来，写碑的都是大书家，文章都是最好的文章，所以说研究碑体是研究中国文化很大的一部分。从前把碑体跟石器的经文加起来，叫经石学。所以最古老的研究中国铜器的学问叫经石学，后来到了北宋的时候才开始有古器物学。古器物学是一个专门的学问，现在还是有很多人在做。

后来在研究所时索予明教授古器物学。在他看来器物学它是连贯的，古器都是有生命的。教古器物学的过程中，他发现了瓷器有非常好的手工艺，后来他个人做研究的重点就转到了瓷器。瓷器在秦汉的时候开始制造，一直到唐代、宋代，做得非常之好。现在的瓷器传到日本、韩国去，也成了他们文化一部分。索予明觉得这个当中天地很大。

南京大鼎

台北故宫正馆东门的对面原先有一口圆腹三足大鼎，鼎的铸造风格和传统古代的鼎差别很大，鼎身上面是一圈非常形式化的云纹，下面则是水波纹，中央则镶上了一圈梅花，而细看就能发现这梅花纹并不是鼎本身铸上的，而是后来钉上的，在梅花的下面，可以看到一些浮刻的樱花花瓣纹。鼎身正面有孙中山手书“博爱”二字，也是后来加上去的。这个鼎被索予明称为南京大鼎，它并不是在台北故宫成立之后才铸造的，但也不是古物。

这口鼎其实是铸造于 1937 年，当时日本占领南京，日军于南京城外夺得一处兵工厂，于是原来存放于工厂内的原料就被日军取得，当时日军为了耀武扬威，便将这些原料铸造了一口大圆鼎。在鼎身正面，由当时侵华大将冈村宁次写下："此鼎原在南京兵工厂，于昭和十三年十二月十三日攻略南京一周年，奉纳于靖国神社……始终守护着，在战场上倒下去的英灵，及其功勋。"1938 年这个鼎被当成战利品运到日本东京的靖国神社供奉。

抗战胜利后，国民政府派员到日本接收战争掠夺文物，这个大鼎也在归还文物名单里，和其他文物一起运到了台湾。1965 年台北外双溪的故宫博物院成立，大鼎上的日本文字没有刮掉，包了一层铜皮，改造后就放到故宫门口展示。在 1993 年秦孝仪院长任内，为新铸的摹古作册大方鼎所取代，南京大鼎迁到故宫正馆一旁的行政大楼前安置。

在索予明眼里，南京大鼎有特殊的历史意义，"日本人现在很多人都否认战争，你不经过战争，为什么把我们兵工厂的铜拿过去？为什么在中国铸了铜搬到日本去，搬到日本神社去？"

在索予明的弟子眼中，他是一个严谨治学、不求名利的人，"先生不是那种习惯于在光环下接受掌声，享誉学者专家的令誉美名，许多时候，他是身著灰色的工作服，戴着口罩手套，侧身在深冷的地下室，挥抖满身积尘，默默无声，检索、抄写，册复一册，日复一日，做着一些乏人问津的冷门事业。"

从 1965 年台北故宫新馆落成之后，索予明就随着文物一起到了台北。索予明说台北"故宫"博物院是由两个单位合并起来的，一个是"故宫"，另一个就是叫"中央博物院"。他最大的愿望就是故宫的文物将来还都回到北京，"中博"的文物还回到南京，他也跟着回去。而实际上"中博"已经消失 60 年了，他的愿望不知什么时候才能够实现。

國寶
在台湾
第三章
叁

从 1948 年底，这些中华文明的珍宝开始登上台湾海岛，直至 1965 年的 11 月，它们才算有了一个长久的归宿。在 17 年的时间里，整个世界动荡不安，大陆和台湾之间也是时常弥漫着战争的气息。那些押运这些国宝来到台湾的许多人，曾经还幻想着，只在台湾待个数月便回到大陆。没想到，直到他们离开人世，回到大陆只是一种奢望。从基隆，到杨梅，再到台中的北沟，最后，在台北的外双溪安家落户。这条路线，走了 17 年。伴随这些国宝的那些人，开始慢慢的老去，这些珍宝也开始在台湾生根发芽。60 年代中期，大陆开始了一场文化大革命，海峡的那面，却在发起一场中华文化复兴运动。台北故宫博物院在这场运动中，似乎显得格外重要。这些文物也许不仅仅只承载着文化和艺术，还承载着一份政治宣教的功能。今天的很多台湾人一定还清晰地记着，他们的小学、中学、大学生涯，都会和这些古物发生面对面的交流。这些交流的背后，或许就是文化复兴运动的目的使然。但不管怎样，台湾不仅仅只有原住民的文化、日据时代的皇民教育文化、来自于闽南的本省文化。台北故宫所传递的，带给台湾文化影响的，也许一两句话说不清楚。但毫无疑问，中华文明数千年的艺术和精神成果，被很多台湾人接受、感知，并转化成今天台湾的现代文化和艺术。所以毫无过分的说，由于这批珍宝在台湾的流转和保藏、展览以及和民众之间的交流，使得台湾成为中国传统文化传播和学术研究的一个重要之地。这里头有台北故宫博物院的多少贡献，无法评估。但其重要影响，显而易见。

在台湾的三次搬迁

故宫博物院于抗日战争的前夕，选择重要文物南迁。1948 年底，人民解放战争胜利在即，国民政府挑选贵重文物三批运到台湾。原故宫博物院文物 2972 箱、中央博物院筹备处文物 852 箱及其他单位文物运到基隆后，在杨梅小镇中转，又运到台中糖厂仓库暂时存放。之后，文物在雾峰乡北沟修建仓库存放了 17 年之久，直到台北故宫建成，才全部搬进新馆保存。

台中糖厂仓库

从 1949 年年底开始，位于台中市郊外的一座普普通通的制糖厂忽然间变得格外引人注目。厂区周边，荷枪实弹的士兵警惕地审视着周围的一举一动。好几千箱从大陆迁运出来的珍贵文物运到这里，据记载是由五个或六七个箱子垒放在一起，非常整齐地摆成 16 行，把糖厂的两座仓库塞得满满当当。庄严（字尚严）、那志良、吴玉璋、谭旦冏、昌彼得、李霖灿、姚从吾等大批学者也先后到来。

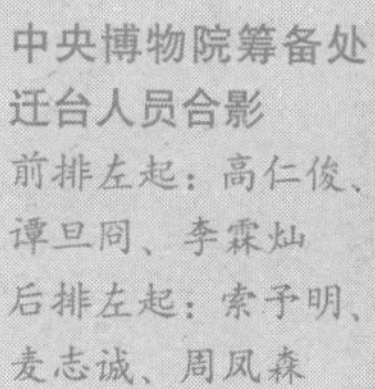

中央博物院筹备处迁台人员合影

前排左起：高仁俊、谭旦冏、李霖灿

后排左起：索予明、麦志诚、周凤森

作为大陆迁台文物在台湾地区的第二个中转地，文物在这里一直存放到第二年的 4 月。糖厂仓库旁边盖起了两排日本式的平房，大房间做办公室，两边小房间做宿舍，一家一家紧挨着，几家人共用一个厨房。院子四周有竹篱笆，有台风时整个篱笆会被吹倒。

1949 年的 8 月，杭立武和蒋梦麟、李书华、王世杰、朱家骅等人协商后，把“五机关联合办事处”改组成了一个正规的机构，取了一个冗长而拗口的名字——“国立中央博物图书院馆联合管理处”。

糖厂仓库保管条件不太好，大家只把这里当成暂时性的借用仓库，一旦糖厂开始制糖，这些储存的文物就要立即运走。文物需要一处长久的安置点。管理处四处寻觅，最后选定了台中雾峰乡吉峰村北沟山麓。

台中糖厂仓库现在已经被拆除。无法看到它的原貌了。

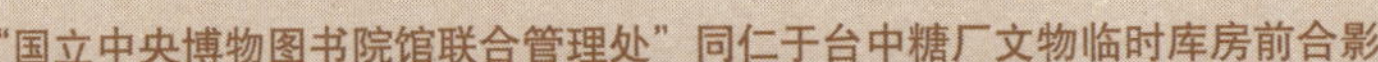

“国立中央博物图书院馆联合管理处”同仁于台中糖厂文物临时库房前合影

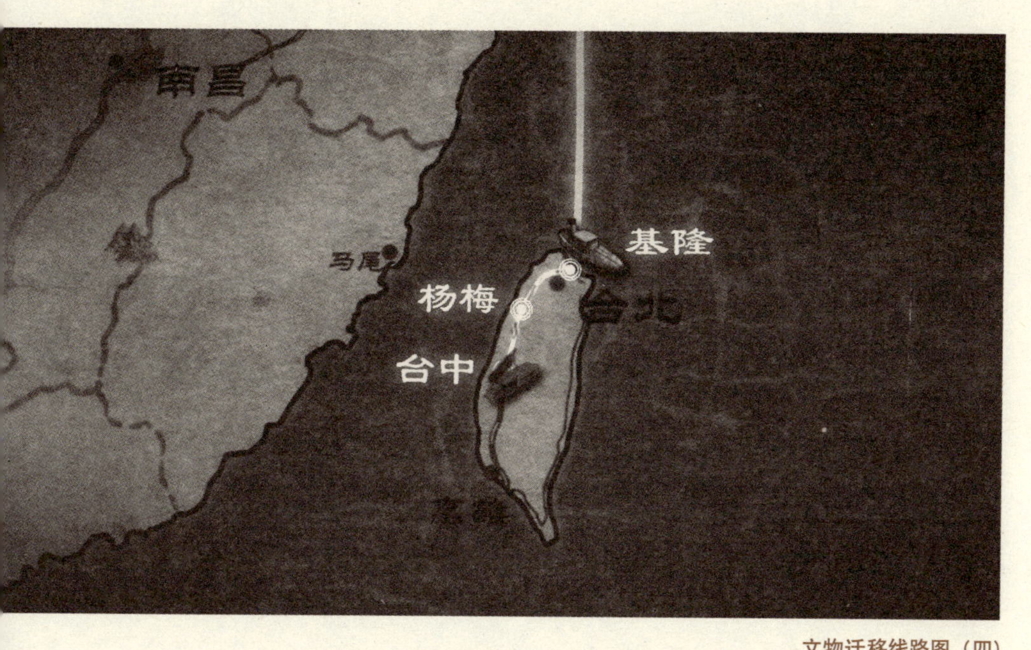

文物迁移线路图（四）

雾峰乡北沟

1950年1月北沟开始修建库房，3个月后完工。1950年4月13日起，文物开始向北沟搬迁，迁入新库存贮。

北沟是山区，地势偏僻，附近少有人居住，对于警卫、消防、保密等都很有利。“背负群峰列屏障，面对蕉林万甲田”，后来任台北故宫副院长的庄严这样形容北沟。

北沟气候温和，出产很多种水果，菠萝是其中最主要的一种。北沟所在的吉峰村是全世界最大的金针菇种植基地。此外，当地人还喜欢种植桂圆和甘蔗。

当时庄严给自己的新家起名叫“洞天山堂”。这个典故来自于来自五代时期画家董源的一幅山水画。画中描绘了白云缭绕于山间，山谷中松林茂密，溪流淙淙，山林间隐着人家，恍如世外桃源，画幅右上有“洞天山堂”四字楷书。

1951年到1954年由故宫、“中博”两院理事会理事和教育部所委托

北沟库房鸟瞰

故宫同仁于北沟库房搬运文物箱件实况

故宫同仁于北沟库房工作情形

的学者专家组成清点委员会，对迁台文物进行了全面清查。因文物在箱中状况良好，作为召集人的罗家伦在清查报告中加上了“保管人员能以古物为生命之一部分”的评语。当庄严看完这段文字之后，心中欣慰而喜悦，在《山堂清话》中写道：“四十多年来对于这批国宝之运迁与维护，终于得到圆满的交代。”

北沟期间，文物的看护者们依照文物当年存放西部所养成的习惯，每隔 6 个月开箱晾晒一次。人们过着清贫而愉悦的生活，小孩子们也把北沟当成了玩乐的天堂。

这些绝世的宝贝，虽然藏匿北沟，时间长了，还是吸引了很多慕名而来的人，要求参观国宝。但那时的北沟没有可供参观的陈列室，工作人员只能临时用木凳支起一块木板，铺上白布，摆上十几件展品出来展览。那志良在《典守故宫国宝七十年》中记载：“每逢有人参观，我们就在库里面两列箱子的夹缝中，支起木板，要从堆得七层高的箱件中，把所要的箱子抽出来。开箱提出放在木板上，给人家看完，装回原箱堆起来。不胜其烦。”

后来杭立武争取到了财政部门 26 万 8 千元的拨款，和美国亚洲基金会的援款，修建了占地 600 平方米，分割成 4 个房间的陈列室，正式对外开放，每次展出 200 多件文物，每 3 个月更换一次展品，每星期展览 6 天，星期一休息。

展览最初受到不少的非议，其中一个原因是开始时，展览室门前不售票，售票点设在台中市复兴路的办公处，这让很多人不满，觉得很不方便，经常有人不知情，未购票就来到北沟，结果没有票看不成展览。另外，在北沟这种偏僻的地方，居然也有头脑灵活的“生意人”看到这种情形，灵机一动，就托车到台中市售票处，买了几十张票回北沟兜售，每张加收五成服务费，参观者还以为是工作人员在背后捣鬼。

现在研究中国山水画的人没有不知道范宽巨轴《溪山行旅图》的。然而在 1958 年之前，这一幅画一直没有能证实是范宽的作品。1958 年在北沟的一天，台北故宫书画处李霖灿在陪同外国专家欣赏它时，机缘巧合，居然发现了画中间的署名，“我同一大群外国专家在欣赏这幅巨制，忽然一道光线射过来，在那一群行旅人物之后，夹在树木之间，范宽二字名款赫然呈现。我揉了揉眼睛，定了定神，证明正确无误后，心中大为高兴……这和植物学家发现新种，天文学家发现新星是同样的快乐”。

台北故宫博物院也有学者回忆，这次发现有另外一种说法，说是一个工友在一次打扫卫生时，无意发现的。

在北沟还发生过这样几件事情，那些从抗日时期装文物的木箱子开始逐渐被铁铸箱子所替代。当时整个北沟的工作人员大概有 20 多人，在这个生活颇有点乡村生活的意味时候，大部分工作人员都要坐半个小时的公车往返于台中和北沟之间。虽然条件很艰苦，当时北沟时期的灵魂性人物庄严先生还举办了一次“曲水流觞”雅集。模仿东晋时期那些名人雅士，召集大家坐在溪水边，每个人拿着一个小竹竿，饮酒辞诗。这

北沟库房防空山洞落成，“国立中央博物图书院馆联合管理处”工作同仁于库门合影

是当年那些雅士们作的一首诗："曲水山堂外，殇流寄古今。栖迟逢海左，讌集擬山陰。欲仰偏安感，如聆治世音。洞天发宝笈，何日证归心。"那次雅集被庄严先生的儿子庄灵用相机记录下来。看到这些照片中的人物，我的心中浮起很多感动。文化传统的坚守，似乎就在这些故事中得到印证。

台中北沟文物陈列室

《四库全书荟要》被泡事件

1963年3月，台湾正值春雨期，22日这天下午，"国立中央博物图书院馆联合管理处"的工作人员梁廷炜在例行检查中，赫然发现了文物箱上有一摊水迹，这个状况吓了他一跳。因为水迹对于文物保护来说是一个致命的打击，意识到事态严重性的梁廷炜立即卸下这台标有633号的箱子检查，发现贮藏在里面的《四库全书荟要》9册被雨水浸湿后发生粘连，当时已经无法揭开，这9册分别是《左传注疏》2册、《春秋权衡》2册、《春秋左传事类始末》5册。

为了确保其他文物，梁庭炜很快又打开其他箱子进行仔细检查，随后发现856号箱中的同属《四库全书荟要》的栾城集一册也发生了被雨水浸湿而粘连在一起的状况。另外1021号箱中的23册《四库全书荟要》发生霉污现象。

《四库全书》我国古代最大的官修丛书，共7套，保存在台湾北沟地区的这套《四库全书》是文渊阁版《四库全书》，是《四库全书》中成书最早的一部，诞生于180年前。《四库全书荟要》是《四库全书》的精华本，从总四库全书中选取精华编修而成，也是现世仅存的一套孤本，这套孤本的破坏，损失重大不言而喻。

1963年6月3日，台湾“教育部”收到了“检察院长”于右任写给他们的信函：“其损失情形如何，主管人员有无失职咎责？应予调查，以明真相。”信函中要求“教育部”立即对《四库全书荟要》被泡事件着手展开调查，结果，联管处主任孔德成引咎辞职。孔德成是孔子的七十七代嫡孙。1920年被民国政府册封为“衍圣公”。2008年10月，他在台北去世，享年89岁。庄严和梁廷炜因为任职年久，服务勤慎，而且此事又系梁科长自行发现，从轻议处。但仍然给予庄严申诫，给予梁廷炜记过一次。

两年后，台北故宫博物院建成，由于容量有限，一部分书画、文献就储藏在底层演讲厅两侧的临时客房；而图书因为无库容纳，暂时还留在了北沟的仓库。但是图书贮藏在仓库终归不是长久之计，《四库全书荟要》被泡事件再次出现在蒋复璁的记忆里，文物分割两地，不利于它们的保存和管理，如果仓库再次出现漏水事件，那将会造成巨大的损失。为了避免不必要的损失，蒋复璁加紧扩建新馆，后来终于将文渊阁《四库全书》从北沟仓库运到新馆妥善保存。

第二年，台北故宫博物院对于文物分类作了一个重大的改动，将图

外双溪原貌

书文献从书画组中划分出来，使典藏文物单位由原来的古物、书画两组扩编为器物、书画、图书文献三处。《四库全书》由原来的书画组重新归属到图书文献处。图书文献处设置了裱书室，从事对破损文件的装裱。

1986年3月，经过3年的努力，台北故宫博物院与台湾商务印书馆合作出版了300套《影印文渊阁四库全书》，迄今全部售光，大陆购进了230套，余下的收藏在海外各研究和展览机构中，将中华文明播撒到世界每一个角落。

院长蒋复璁曾担任“中央图书馆”首任馆长，一生以图书馆员自居。用图书馆学的原理来管理台北故宫博物院，使博物馆像图书馆一样开放。他曾经说过：“盖棺论定，我是一个图书馆员，将来我死后坟上名字旁边刻上‘图书馆员某某人’。”

台北故宫建成

从台北市区出发，经过约30分钟的车程，便进入“外双溪”风景区。“外双溪”因两条盘旋环绕的溪水得名。台北故宫选择了这个风景秀丽的

上图左　北沟文物北运前编号

上图　中山博物院

右图　北沟文物装箱北运

下图　台北故宫新馆通向山洞库房之廊桥

地方进行修建，1962 年 6 月 18 日举行奠基典礼，1964 年 3 月初正式开工，1965 年 11 月建成。

新馆落成之前，蒋介石前来视察。当听说新馆将于 11 月 12 日孙中山百年诞辰之日开幕时，他像是不经意地说道："把这个博物院定名为'中山博物院'，岂不是更有意义？"就这样新馆定名为中山博物院，交由故宫博物院使用，约定将来回到大陆后，两院各自迁回北平与南京，那时再正式成立中山博物院。市政府的公车，终点站写的是"中山博物院"，而中兴大业公司的汽车，终点站却写着"故宫博物院"。

1965 年 11 月 12 日，孙中山百年诞辰之日，下午 4 时，举行中山博物院落成暨故宫博物院新址开幕典礼。

从 1965 年 12 月 9 日至 1966 年 3 月 6 日，两院存北沟的 3824 箱 250680 件文物（故宫 2972 箱 238951 件、中博 852 箱 11729 件）全部运抵新馆。从此结束了这批国宝长达 32 年之久的颠沛流离。

台北故宫博物院的首任院长是蒋复璁，从 1965 年起，他在任 18 年。蒋复璁是一个善于创馆的人，当初在南京，他把一个日本神庙的旧建筑，建成当时颇有规模的中央国立图书馆，受到了国民党高层的重视，这也是后来聘用他做台北故宫博物院院长的原因之一。

电视剧《人间四月天》中有一场戏，徐志摩介绍他的表弟，一个高高瘦瘦的男生，这个男生就是伴随台北故宫走向现代博物馆发展的蒋复璁院长。

但与电视剧不同的是，蒋复璁院长矮矮胖胖，走起路来，皮鞋咯嗒咯嗒地响，每当他走近你和你谈话，话讲完没待你回过神儿来，他就又踩着皮鞋咯嗒咯嗒地走了。

他在口述回忆录中曾讲到："我生于光绪二十四年九月九日，（1898 年 11 月 12 日），民国 11 年（1922 年）结婚，生有 3 子 2 女，国民党退到台湾时，我的妻子儿女都留在了大陆，我在台湾后一直没有结婚。"

台北故宫博物院占地总面积约 16 公顷，依山势而建。主体建筑仿照北京故宫样式设计，吸收了中国传统的宫殿建筑形式，基座为米黄色，

外双溪故宫新馆俯视及中央园林全景设计图

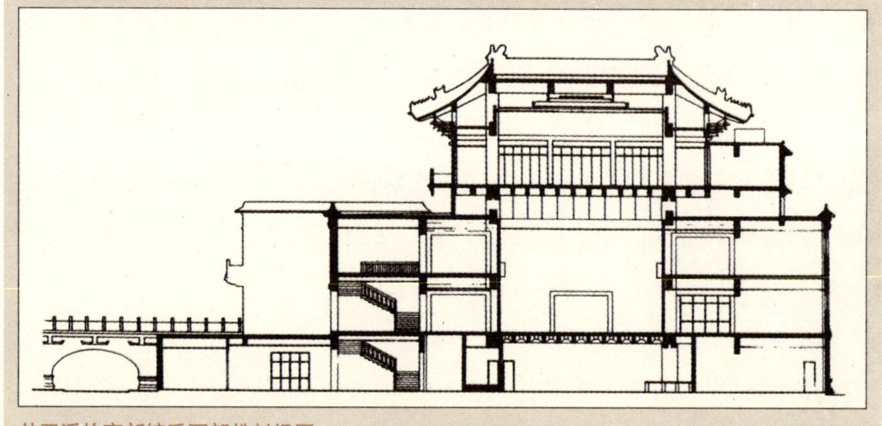

外双溪故宫新馆重要部份剖视图

与汉白玉栏杆相映生辉。最高处是一座阁楼，中间有藻井，四周长窗落地，游廊环绕，外檐则勾心斗角，如飞翅凌空。阁楼的屋顶是蓝绿色琉璃瓦，镶以黄色屋脊，风格清丽典雅。在满目苍翠的群山背景上，勾勒出一个明显的颇具中国古典风格的建筑轮廓，与四周群山景致水乳交融，宛若一体。

进入故宫广场前，是六根石柱所组成的牌坊，题着孙中山手迹“天下为公”。

博物院建筑分为四层，正院的平面图呈梅花形，分成五个大厅。第一层分别是讲演厅、办公室、图书馆；第二层是展览室、大厅及画廊，用来展示书画，四周共有八间展览室，陈列铜器、瓷器、侯家庄墓园模型及墓中出土物；第三层则陈列书画及玉器、法器、雕刻及图书、文献、碑帖及织绣等；第四层则为各种专题研究室。在第三层后面建有一座26米长的走廊直通山腹的山洞，山洞离地面50米，里面有三座拱形洞，分隔成许多小库房，分类收藏着各种文物。

故宫博物院收藏之富举世公认。运台文物主要为书画、铜器、瓷器、玉器、漆器、珐琅、雕刻、文具、图书、文献及其他工艺品，初为230863件，中央博物院并入后，增至242592件。连同整理后的档案30余万件及受赠、收购1万余件，目前共有60万件，且由于不断接受捐赠与购藏，藏品每年都在不断增多。

文物中以陶瓷、书画、青铜器最为完整，此外，尚有玉器、漆器、多宝格珐琅器、文具、雕刻、织绣、缮本图书及满蒙档案文献，品类众多又精致。文物中最受民众喜爱的是三楼的“翠玉白菜”、“肉形石”和二楼的瓷器。

在台湾故宫博物院收藏的珍品中，有甲骨档案2万多片，该院收藏的甲骨档案数量列世界甲骨收藏机构的第二位；瓷器2万多件，包括原始陶器到明清瓷器，该院的中国古代瓷器是全世界各博物馆中最精、最多的；铜器1万多件，包括历代钱币，其中有商周到春秋战国时期的青铜器4300多件，如商代蟠龙纹盘、兽面纹壶、西周毛公鼎、战国牺尊等；玉器5万多件，其中有著名的新石器时代的玉璧、玉圭、玉璜以及闻名海内外的清代玉雕“翠玉白菜”、“避邪雕刻”、“三镶玉如意”等；书画真迹近1万件，其中有从唐至清历代名家的代表作，如三稀之一的王羲之《快雪时晴帖》，黄公望的《富春山居图》后部长卷，怀素的《自叙帖》，颜真卿的《刘中使帖》，苏东坡的《寒食帖》等；善本古籍有近2万册，包括中国仅有四部的《四库全书》较完整的一部；明清档案文献近40万件，其中有清朝历代皇帝朱批奏折、军机处档案、清史馆档、实录、起居注等，以及世界罕见的满文老档案40巨册。

博物院经常维持有5000件左右的书画、文物展出，并定期或不定期地举办各种特展。馆内的展品每3个月更换一次。在一些特别节日台北故宫还会推出一些平时难得展示的历代名画等特定题展。

除一至三楼的陈列馆之外，图书文献馆位于故宫博物院右侧，面积2000多平方米，除学术研究外，馆内的中国艺术资料对一般民众也开放供阅览。正院右侧天井的中庭点景小园，占地40余平方米，意在发挥“可以游，可以观”的艺术，让参观路线有一舒缓的空间。三希堂位于正院四楼，内部仿清乾隆皇帝的养心殿格局而设，除了展示王羲之的名迹，四根梁柱上还挂着唐朝陆羽《茶经》的放大局部照片。欣赏了古字画器玩之后，游客可在这里小憩、歇脚，离开前可去供应中心选购文物复制品做纪念。

台北故宫为保护藏品采取了防潮、防虫的各种措施。文物库房恒温、恒湿、防火、防盗，并采用现代化技术自动控制，可保文物安全无虞。同时，还继承、利用传统工艺技术和引进自然科学新成果，对残损的文物进行修复。

为传播中华文化，台北故宫出版有《中华五千年文明集刊》、《国之重宝》、《惠风和畅》、《文物光华》、《故宫宝藏》、《元四大家》、《唐寅的研究》、《山水画皴法点苔之研究》、《清代通鉴长编》等著作，并影印出版了文渊阁《四库全书》。院内还有定期刊物《故宫文物月刊》和《故宫学术季刊》等等。

故宫博物院自从1925年建院以来，为频繁的战事和迁运所扰，从来没能举行过院庆活动。10周年时，文物南迁上海。20周年时，文物播迁四川，散在各地。30周年时，文物迁到台湾，在台中北沟蛰居。40周年时，故宫虽然恢复建制，台北新馆虽然已经落成，但还没有开放。50周年时，本来蒋复璁院长准备大庆，但是蒋介石4月5日去世了。1983年，第二任院长秦孝仪一上任，就着手为两年后的故宫60年庆典作准备。1985年，台北故宫终于在60周年时举办庆典过了第一个生日。

秦孝仪曾经是蒋介石的第一机要秘书，蒋介石发表的政策文稿，几乎全是出自秦孝仪之手，著名的“蒋公遗嘱”执笔人也是他。

早年，台北故宫没有预算购买文物。遇到有珍贵文物需要以专案呈请“行政院”拨款。秦孝仪上任，为购买文物争取到了更多的预算。在上任的第四年，1987年，他主持收购了由“原外交部长”王世杰收藏的《寒食帖》，出价100万美元，这是台北故宫一次最重要的收购。

知名收藏家王度说他一生最羡慕的人是乾隆皇帝与秦孝仪，因为秦孝仪当了18年台北故宫博物院院长，看遍无数历史珍宝，相当有福气。而秦孝仪对台北故宫最大的贡献，就是将这些国宝介绍给全世界，在他的努力下，台北故宫成为各国观光客到台湾一定要参观的文化景区。秦孝仪自己回顾台北故宫18年的生涯说，“我没有浪费一天”。

台北故宫的特色展览

利用丰富的藏品，台北故宫博物院每年都会举办一次主题展，如成吉思汗、宋代文化、明清书画等主题展，便于民众能更好地认识国宝，领略中华传统文明，“创造观众文化体验和全新深度”。为了方便外地民众参观，还举办文物巡回展览，深入许多市县展出。

《乾隆南巡图》

“乾隆皇帝的文化大业”

2002年台北故宫举办了“乾隆皇帝的文化大业”主题展。这个展览汇集了许多珍贵的文物，有些是首次公开露面。其中有特地从美国克里夫兰博物馆借的乾隆皇帝和孝贤皇后大婚时的画像，那是意大利传教士、清代宫廷画师郎世宁的作品。同时借来的还有美国纽约大都会博物馆收藏的《乾隆南巡图》。此外还展出了两幅台北故宫限展珍品——王羲之的《快雪时晴帖》和米芾的《蜀素帖》，展出仅40天。在近200组件的展品中，有一幅美丽的戎装女子画像引起人们的好奇，这是一幅西洋油画，据传是“香妃”画像，但目前还没有确切的证据。由于画卷时间长远，卷轴下方签字已无从知晓。不过，这倒是给文艺作品的创作留下了无限的想象空间。

“比上帝还精巧”

2004年9月11日起，台北故宫举办了一场名为“比上帝还精巧”的

《蜀素帖》

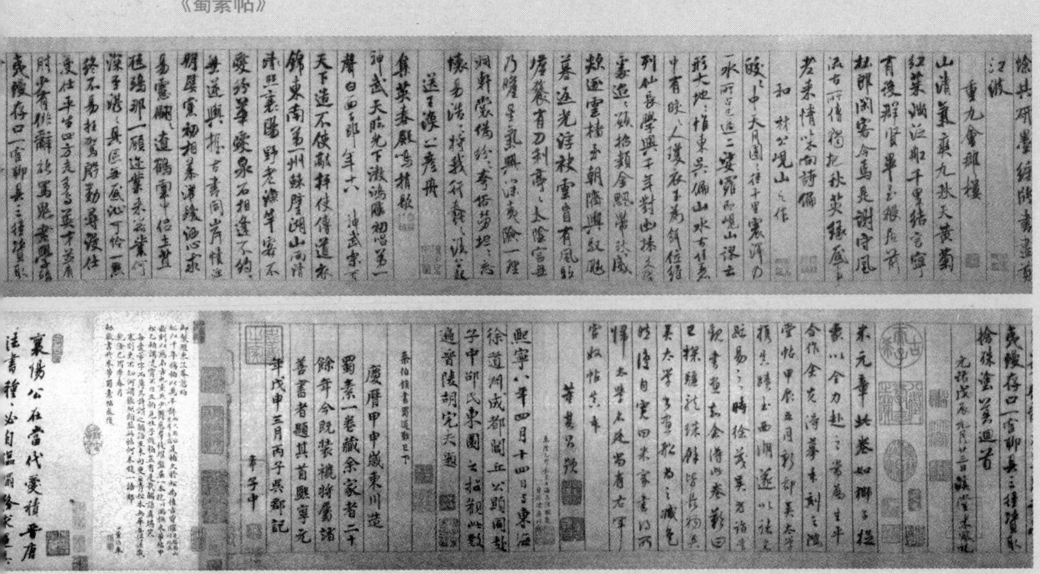

展览，历时两年。玻璃柜里，雕橄榄核小舟和其他的瓷器、玉器、象牙、雕刻、多宝格一起，在柔和的灯光下面对着观众。这些精美的展品被人们统称为珍玩。

从星砚

1965 年，文物运至台北清点分类，其中字画、档案、铜器、玉器和瓷器是人们关注的重点，剩下的文物当中，有 25000 多件文物被划入“杂项”的分类之下，这里面包括了很多种类，门类庞杂，器物繁多，雕橄榄核小舟也在其中，这些文物就归年轻的嵇若昕负责，她也因此得到一个绰号：“杂项小姐”。直到后来，“杂项”被改称为“珍玩”，台北故宫特别设立了器物处珍玩科后，她才由“杂项小姐”变为“珍玩小姐”。

“天下第一家——清代帝王文物展”

2005 年举办的“天下第一家——清代帝王文物展”，让大众了解了隔绝在紫禁城里的皇帝们既陌生又神秘的生活。一本本清朝皇帝的《起居注册》让人们清晰地窥见到他们一年到头忙忙碌碌的生活。

展品中有一幅佛家尊者的画像形貌生动，与另一件清乾隆年间制作的玉雕“玉罗汉山子”形态一模一样。原来，乾隆皇帝爱玉之至，且在当时流行的诸多玉器样式中，只认同文人品位的“图画之样”。此玉雕作品，即为当时受乾隆鼓励而创作的“仿古”与“画意”之作。台北故宫博物院通过这两件文物的相互呼应，便使观众能够跨越时空，对文物所见证的历史文化有了深入了解。

台北故宫博物院的不少展品，多为生活与宗教用品。院方通过新的策划与运作，在办展中注重揭示文物与历史事件及人物之间的内在联系，拉近了观众与文物的距离。

大观展

2006年12月25日。台北士林外双溪人潮涌动，热闹异常。人流中有青年男女，也有携带儿孙的老人；有专门包机赶来的日本学者，也有远渡重洋的欧美游客。他们聚集在这里，不是来过西方国家的圣诞节，而是来参观台北故宫举办的一次特别的展览——大观展，一次被称作百年难得一见的精华展。大批稀世国宝在新改建的台北故宫正馆同台亮相，备受关注的是这次展出的北宋汝窑瓷器。

汝窑瓷器被认为是中国最完美的青瓷，似玉非玉而胜似玉，传世品极少，目前全世界仅存不足70件，台北故宫21件的典藏居世界收藏之冠。在这次大观展中，21件汝窑瓷器同时展出，这在台北故宫的历史上还是第一次。

清 乾隆 珐琅粉彩百鹿尊

“华丽彩瓷——乾隆洋彩”

2008年10月，台北故宫博物院隆重推出一个名为“华丽彩瓷—乾隆洋彩”的特展，吸引了大批观众前往参观。这批被称为“洋彩”的瓷器，烧制量非常稀少，由乾隆皇帝亲自指导定名、配座、装匣、评列等级，绝大部分珍藏于乾清宫端凝殿与养心殿，少数在圆明园后来被毁，流失在民间的很少，难得一见。

特展中，排在138件展品之首的是“磁胎洋彩红翠地锦上添花双安天盘口双圆瓶”，双圆瓶为模制结合而成，外表双瓶连合，内部相通，瓶身绘有梅花、灵芝、喜鹊，喻有“喜上眉梢”、“芝仙长寿”之意。

台北故宫所藏乾隆朝珐琅彩系瓷器多达500件以上，这次展出的院藏138件彩瓷，都依据档案一一还原了它在清宫中原有的正确的品名。

国宝历次出国展览

1961—1962年美国巡展

故宫藏品在美国展出一直是美国很多著名博物馆和亚洲艺术研究者的心愿，1935年在伦敦艺展之后就有人提出这个想法，1948年又有人提出，但是这个提议始终没被通过。出版商亨利·卢斯50年代访问台中的时候，重提了这个愿望，催促台湾当局考虑这一提议。台湾也有人赞同国宝出国展览。

1960年的4月，台中地区一如平常的阴雨天气，几名美国人从大洋彼岸前来，甄选出书画、玉器、瓷器等共253件文物，作为一年后将在美国举办的中华古物展览的展品。

1961年2月14日，中国传统的农历除夕夜，几百件文物在这一天从基隆港装船。时任台北故宫博物院研究员的李霖灿在这天的日记里写下了当时复杂的心情："除夕离家，远迁异国，肩荷沉重，真是所谓的百感交集！能把这批国之瑰宝的艺术珍品远涉重洋送到美国去展览，真不是件简单的事，多少年的商洽，多少人的筹划，今天总算是有了初步的行动，万里之行，始于此矣！"

李霖灿从基隆出发去美国那天开始记日记，共记了530天。今天我们所知的许多展览的情形是从他的日记中得到的。

2月15日上午十点，这艘美国军舰"布瑞斯号"载着包括瓷器在内的中华文物绕过了基隆港口的灯塔，驶过宽阔的太平洋，到达了美国华盛顿，那是此次巡展的第一站。

李霖灿在1961年5月26日的日记中，对在华盛顿首日展出情况有这样的描述："到处都是被人拉住了问东问西，恨不得每人都发一个耳机从头详加解释才好，不少观众在念叨，我明天还要来"，"良好的开端是成功的一半，看到今日里这样的热烈情况，辛苦总算没有白费"。

的确，护送这样一批珍贵的国宝横渡太平洋，贯穿美洲大陆，谁的心里都没底，尤其是那些又薄又脆的瓷器，当时试验了很多种方法，有人提议给每件瓷器制作一个囊匣，于是请北京专门的文物囊匣店制作，做好后故宫的研究人员买来一件薄瓷瓶装入从楼上抛下，瓷瓶毫发无损，这才放心地用这种囊匣运送国宝。

1961年至62年的国宝赴美展，瓷器占据了重要位置，在五个城市的展览中，所到之处都有狂热的瓷器迷，晶莹剔透的瓷器帮助他们认识和了解中国，起初烧制的人们绝不会想到，绵延数千年制造历史的瓷器，居然承载了中西方文明的对话与交流。

1961年5月16日，美国新闻署的电影《中华文物》的摄影机选择中国瓷器，开始这部电影第一个镜头的拍摄。

一个月以后，中国的瓷器登上了美国最具影响力的《时代》周刊。

1961—1962年这次艺术品美国巡展获得了极大的成功。李霖灿在《国宝赴美展览日记》中记载了每一次的参观人数：1961年5月到8月在华盛顿有144358人；1961年9月到11月在纽约有105061人；1961年12

赴美借展基隆港启运

接运赴美参展文物的美国军舰“布瑞斯号”

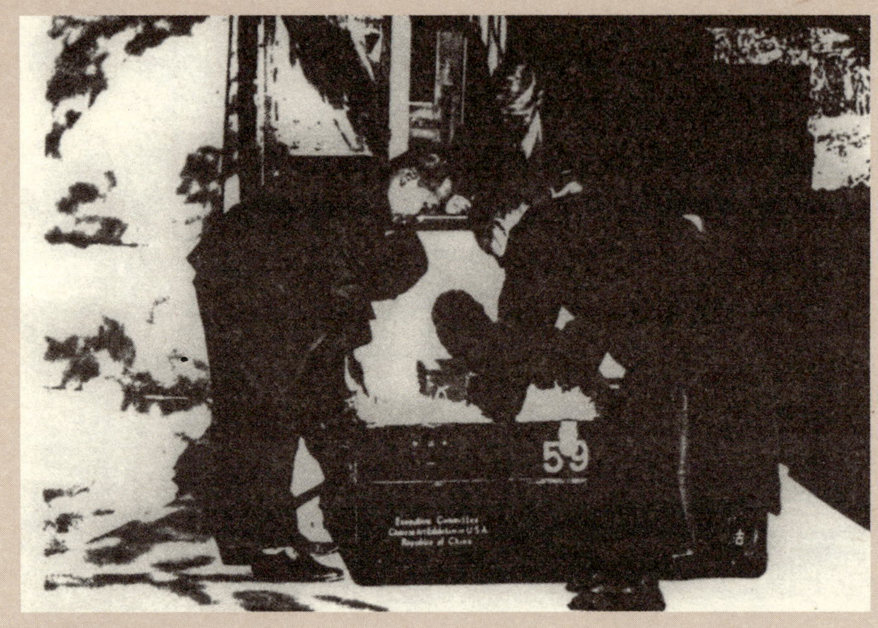

赴美展北沟装箱

赴美展北沟启运

月到1962年1月在波士顿有47896人；从1962年2月到4月在芝加哥有59637人；从1962年5月到6月在旧金山有108254人。在美参观人数总计465243人次。

李霖灿在日记上说："国宝展览的效果固然是卓越辉煌的，有益于中美文化交流和认识，但是我们却更注意它对将来的深远影响；自从展出之后，在大部分美国人的心目中，东方文化主流已由日本改为中国，在美国各大学研究的系别上，中国的各部门都在急速增加，东方文化的重新估价将使人类文化的比重各得其宜。"

30多年后，布朗大学亚瑟瓦顿教授在《华尔街日报》上回忆这次展览："来自台北的一批文物于1961年在美国进行五大城市巡回展览时，本人年方12岁，到波士顿艺术博物馆参观后，恰如其他许多接触中国艺术的人士一般，我被震慑得无以抗拒。本人当场便下定决心，其后也实践了，将中国研究作为毕生之志。"

一次展览改变一个孩子的人生志向，这大概是主办方始料不及的吧。

巡展结束，文物返回台湾时，李霖灿写道："公元1962年7月28日，晴，基隆。仍然是送我们离去的四号码头，地平如旧，人浮若梦，我们护持着国宝253件，历时一年又半，横渡了两次太平洋，在美国展览了五个城市，完成了中西文化交流的一件大事。"

中华瑰宝展

1989年8月，美国华盛顿国家艺术博物馆馆长布朗，想要重现当年世界各地的文化气象，邀请世界20余国重要的博物馆、美术馆参展，1989年10月，布朗馆长派人到台湾，交换借展意见。1990年11月，秦院长应邀到美国，商洽借展合约的各项细节。谁知，因为各种因素阻碍，这一谈就谈了6年。

这次展览从一开始就与政治密切相关。首先，一个十分现实的问题是中华人民共和国政府是否会对展品提出法律要求。华盛顿向北京和台北两边都保证，美国法院不会受理这类诉讼，这一问题由此得以解决。接着是展览名称的问题，台北故宫博物院发现要在展会名称中加上“中华民国”是很困难的一件事。经过双方协商后，这场争论也渐渐平息，台湾方面最后勉强同意将展会名称定为“中华瑰宝：来自国立台北故宫博物院的珍宝”。

政治因素还影响了这次展览的资金筹措。花旗银行和美孚石油先后退出了对这次展会的赞助。台湾当局的“立法院”只好自己拨款支持这次展会。

这次策展的负责人是纽约大都会博物馆的中华艺术研究者方闻，他1930年生于上海，是国际著名的美术史家和文化史学家。他与国宝的渊源比这次展览早得多。

“那是1957年6月初，在台中苍翠的山峦中，典藏故宫珍宝山洞库房外的小屋里，第一次看到范宽《溪山行旅图》，使我变成今天的我。”在到北沟之前，方闻通过照片研究了《溪山行旅图》好多年，“我实在无法有真正面对面见到这样伟大艺术巨作原迹的准备。”在这个年轻的学者看来，《溪山行旅图》与莫奈、塞尚和弗拉曼克的西方风景画不同，不仅是敏感简洁和沉着自在的方式，还有对自然世界不同的观照视野。

方闻为“中华瑰宝”赴美展览挑选出了475件艺术品，其中包括限展品中的27件作品。这些极为珍贵的限展品很少展出——通常是每三年展出40天。当台湾人得知这些限展品也要被安排去美国展出的时候，开始静坐游行反对这一决定。“立法机关”也下令进行调查。在选出的展品即将装箱运往纽约的时候，“立法院”下令禁止这27件作品赴美参展。这场纠纷持续了两个星期才以妥协式的裁决解决。

美国东海岸时间1996年2月14日凌晨3时，纽约肯尼迪机场一架中华航空公司的专机落下。纽约大都会博物馆人员等在这里，办理一场谨慎的通关手续。华航工作人员在机场将最后一件文物箱放在汽车的货柜中，台北故宫的全部借展文物正式移交。

到达大都会博物馆后的第一项工作是拆箱。当美国人打开第一个

上图、右图　纽约大都会博物馆“中华瑰宝”展览参观情形

下图左　《时代杂志》对“中华瑰宝”展览的报道（1996 年 3 月 22 日）

下图右　《时代杂志》对“中华瑰宝”展览的报道（1996 年 4 月 1 日）

Weekend

The New York Times

'Flirting With Disaster' (Film Review, C3)　Spike Lee's 'Girl 6' (Film Review, C3)

China's Self-Portrait: Power and Subtlety

YUAN DYNASTY

Brushwork in *Dwelling in the Fu-ch'un Mountains* (1350) initiated a new style of landscape painting

CH'ING DYNASTY

In reviving carved lacquer, 18th century artisans looked back to earlier themes

SHANG DYNASTY

Rulers in antiquity used imposing bronze vessels for sacrificial offerings to gods and ancestors

HAN DYNASTY

Persian antecedents show in the pose of a tiny jade beast

木箱时，不禁惊呼："干了18年，从未见过如此用心的层层包装。"迪蒙提贝尔馆长也开玩笑地说："巡回展后，你们干脆把盒子留下来好了。"

中华瑰宝展在纽约大都会博物馆拉开帷幕，然后相继到了芝加哥艺术博物馆、旧金山亚洲艺术博物馆和华盛顿美国国立美术馆。

1996年3月19日展览正式开始。开幕一周内观众76000人。仅纽约大都会首展就超过43万人，包括从欧洲各地来的观众。此后，在旧金山、华盛顿、芝加哥的展览，人数累计高达51万人。

旧金山亚洲艺术博物馆的佐野馆长，惊叹地以"仿若如主同在"来形容初见中国千年古画时的震撼心情。

《每日新闻报》说："除非将万里长城移置到纽约第五大道，否则再难以找到足以与此展览相匹敌者。"

《华尔街时报》评述："'中华瑰宝展'是一个严肃不苟的展览，它在提醒我们，东方与西方之间广大的文化分野。面对着中国艺术文物，西方观众将无可避免地感受到细微的畏惧。我们不仅看不懂中国的书法，更惊叹于中国山水画中的群山、苍松、曲径所隐含的对独居的钟爱。"

而《华尔街时报》在对"中华瑰宝展"的评点中，比较了800多年前中西方人们对石头的态度，"当西方艺术家在丢置石块时，中国的艺术家正冥思着早期艺术作品中石块的本质。"

帝国的回忆

1998年10月，巴黎的街道、地铁、商铺贴满了"帝国的回忆"展览的海报。这次展览的目录封面、宣传海报都是宋徽宗的半身像。策展人居美博物馆馆长贾立基想要呈现历代皇帝的收藏爱好和品位，勾勒出中国皇帝的收藏史。而故宫文物本身就是皇家收藏，它们最积极的主人是宋徽宗和其后600多年的乾隆皇帝。和乾隆皇帝比起来，公认徽宗有更高的美学修养和鉴赏的眼光。

展览从10月20日到翌年1月25日在法国大皇宫内举办。法国为这些文物投保总额逾5亿5千万美元的“墙到墙”全险，并且保障司法扣押豁免。展馆的墙壁、地板和屋顶的整个空间是黑色基调。玻璃展示柜是土黄色底色。光线从屋顶或柜子上部洒落下来。设计人威尔莫特认为黑色也是中国书法的墨色，土黄则是一种法国纸的颜色，近似于中国黄土高原的黄土。“黑色可以创造虚幻的感觉，让所有的颜色凸现出来，营造高贵与神秘的效果。”

“帝国的回忆”展览陈列室入口（墙面“帝国的回忆”五个字为秦孝仪所书）

在这次展览上，来自欧洲各国20余万观众观看了中国的青铜、瓷器、书法、绘画……法国希拉克总统曾三次亲临。

展品的选件围绕的就是这些帝王的回忆，他们的回忆落在一个个朱红色的印章上。贾立基认为它们正是他要找的历史关联点。“现在流

旅美杰出科学家丁肇中博士参观“帝国的回忆”展览

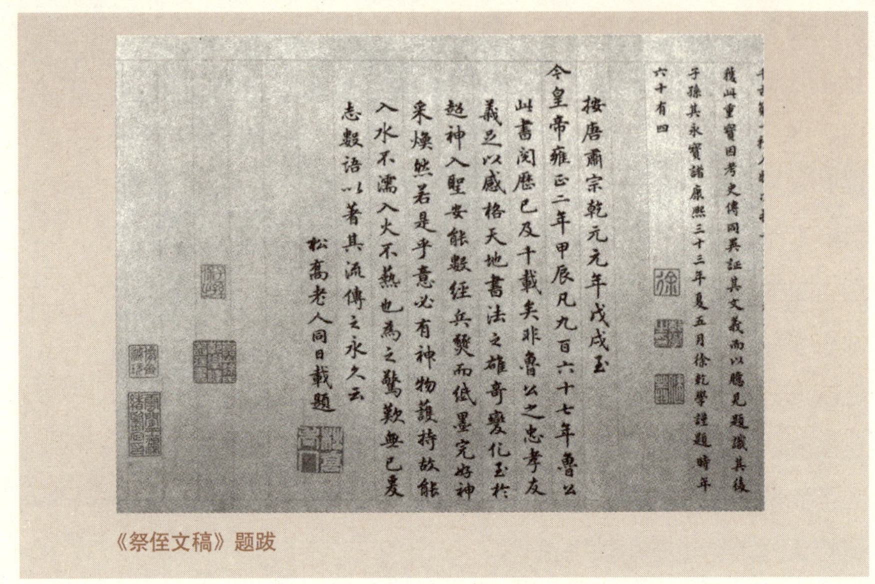

《祭侄文稿》题跋

散在世界各地的收藏中，虽然可以找到与故宫风格类似的文物，问题是它们不是故宫所藏。而故宫之所以为故宫，因为这些文物都是帝王的收藏。”

《新观察家周刊》的评语语重心长：“帝国只有在向全世界开放时，才是至高无上的。”

奥地利展

2008 年 2 月底，奥地利维也纳艺术史博物馆举办为期三个月的台北故宫精品文物展。台北故宫选出 116 件组中国精品文物，包括青铜、瓷器、书画等，其中近一半是首度到海外参展，仅保险费就高达 2 亿 2 千多万美元。

参展文物起运前，台北故宫破天荒第一次公开展示了文物包装的过程。他们特意挑选出两件小器物来公开示范说明，这些将被运到万里之外的文物是如何包装保护的。其中一件玉辟邪是中国东汉时期的文物，距今已近 2000 年。

晋唐法书名迹特展

台北故宫博物院每年10月10日的建院院庆日，都要隆重推出“国之重宝”级的文物特展。2008年10月10日推出了“晋唐法书名迹”特展，17件珍贵名帖参展。

王羲之的3件珍贵墨迹《快雪时晴帖》、《平安何如奉橘帖》和《远宦帖》同时展出，此外，颜真卿的两幅真迹也是难得一见，其中有“天下第二行书”之称的《祭侄文稿》。

据说一位大陆游客走出陈列室后感叹：“台北人真有福。他们有口福，能吃到那么多的小吃；他们还有眼福，能看到这么多的珍宝。”

国宝风波

“翠玉白菜”受损

“翠玉白菜”是台湾民众非常喜爱的一件文物，还放到了中学的历史课本里，连小孩子对这颗白菜都很熟悉。所以在2007年3月，媒体披露台北故宫院藏“翠玉白菜”上的虫须断裂时，立即引起全岛关注。台北故宫还专门召开听证会来解释此事。

那么，“翠玉白菜”究竟是什么时候损坏的呢？众说纷纭。有人说是在2003年12月南下高雄展览3个月后发现白菜上的小虫有裂缝的，因为在此之前，“翠玉白菜”从来都没有外展过。但台北故宫方面则拿出了1966年拍摄的照片为证，“翠玉白菜”上的损伤属于旧伤。也有人揣测是1949年南迁时造成的，可是，当年的保护措施严密，连最脆弱的蛋壳瓷都毫发未损。于是，有人猜测当初在清宫时可能“翠玉白菜”就受损了。

“翠玉白菜”是清朝光绪皇帝瑾妃的嫁妆。白菜寓意清白，象征新娘

翠玉白菜

的纯洁；菜叶上的小虫纺织娘繁殖力强，隐含着老人希望新娘将来多子多孙，稳享皇室荣华富贵的愿望。“翠玉白菜”随瑾妃一同入宫，一直摆放在瑾妃居住的永和宫内。

那志良的日记，有一段说到过“翠玉白菜”，但对它是否当时就已受损只字未提，这桩悬案恐怕解不开了。

而台北故宫博物院的藏品中，实际上是有两棵玉白菜的。另一棵是清代的、翠玉质的白菜，其叶片的翻转波折变化丰富，叶缘的线条流畅而具有律动感。一旁停着一双螳螂，姿态生动。艺术价值并不逊于“翠玉白菜”。但不知道为什么，虽然常年在同个陈列室中展出，所受到的重视却远远不如另外一件。

“女尸图”失窃案

秦孝仪在任时曾花了23个月的时间，把从大陆故宫运到台湾的文物，一件一件进行清理盘点，2972箱运来台湾的文物与当时故宫文物账目进行核对，秦孝仪惊奇地发现，除了一本书里少了一页纸以外，那么多的文物竟全部在册。这应该算是一个奇迹。

清点文物的时候，秦孝仪将凡是由北京运到台湾的故宫文物，都以一个“故”字命名，对后来台北故宫博物院花钱收购的文物、由台湾人捐献的文物，均以“新”字命名。秦孝仪后来访问北京时说：“我们的国家迟早都要统一的，我所做的事情就是要把这笔账算得非常清楚，一目了然。将来国家统一，这些‘故’字号的文物是要回到北京故宫博物院里来的。”

而秦孝仪清点文物时少掉的那一页，在台北故宫博物院的历史上也是一起著名的意外事件。那一页是院藏重要文献《满文原档》当中的一页“女尸图”，在1969年外送拍照存档时遗失，至今下落不明。

《满文原档》是清代皇太极时期以满文撰写的官修史书（档册），史料原始，记事广泛，内容丰富，对《清实录》等书的校订补遗，具有十分重要的意义。因此岛内外学者一直要求台北故宫博物院将它出版发行。那时没有数字扫描，拍照与影印都极不普遍，于是将文献原件送到外面去照相以便印制。而《满文原档》厚重又多册，只好将它拆解成小册外送照相，每天送去一部分，送回来之后检查验收。有一天，图书文献处检查送回院里的文献时，赫然发现送出去的文献有一页消失了，怎么找也找不到。

这遗失的一页就是“女尸图”，上头画有裸体的女性尸体，满文部分写的是当时战争的情况，用的纸是一张明朝的公文回收纸，内容正好就是一份验尸报告，“女尸图”也就这么清楚的印在上面。

由于无法抓到“雅贼”，当时的图书文献处处长昌彼得只好自请处分。大家分析认为可能是因为当年社会风气十分保守，女性裸体被视为破坏善良风俗，社会上一般根本见不到裸女图，因此画有裸体女尸的这一页引起了好奇，就被偷走了。所幸是在送出去拍照前台北故宫就留下这页“女尸图”的复印件，因此发行出书以及研究都可以继续进行，不至于空了一页。

由于“女尸图”的遗失，台北故宫博物院下令，从此台北故宫的文物一律不可以离开院内一步，不管是要拍照、发行、修护或是基于任何大小理由，必须要留在院内。台北故宫院内也因此自设摄影、印刷等各单位，就连修复也由专家亲自在院内进行。

地　震

1999年9月21日凌晨1时47分，台湾省南投县发生7.6级大地震，震源深度10公里左右，地震及余震造成了2444人死亡、8700多人受伤、10000多间房屋倒塌和受损，10万多人无家可归。

而正是在这一天，台北故宫为了迎接千禧年精心筹划的《汉代文物大展》将要开幕。突如其来的大地震，让原本迎接展览的人们措手不及。

湖南省博物馆馆长熊传薪回忆，“当时我们在台北，住在宾馆的10

跨世纪“汉代文物大展”巨幅宣传海报

层以上，震感强烈，我赶紧通知大家离开大楼……”

湖南省文化厅厅长刘健民回忆：“我穿着睡衣，连袜子都没来得及穿，就带着大家赶往台北故宫博物院看看我们的文物有没有受损……”

这次展览除了要展出台北故宫藏品外，还要展出内地的湖南长沙马王堆墓、广州西汉南越王墓和南越国公署遗址三大出土文物。这些文物已经运抵台湾，当时正保存在台北故宫博物院里。像马王堆三号墓帛画和巨型木椁这样的国宝级文物那次是首度出境，在当时两岸关系的情况下，到台湾展出实属不易，没想到又遇到了大地震。

幸运的是，所有的文物都安然无恙。《汉代文物大展》如期举行，历时五个月，跨越千禧年，于2000年2月25日闭幕，这是两岸之间一次史无前例的文化交流……

台北故宫博物院其实有很严密的防震措施，所有文物都有很科学的保护方法，到台北故宫观看展览时，仔细点会看到一些瓷器和陶器上都被连上了几根细细的线，在文物的底座也粘上了胶起到加固作用。

故宫国宝的文化传播

“Old is new”，古老、传统的东西不一定是陈旧、过时的，也可能包含着最前卫、最现实的内涵，也许这就是台北故宫的魅力所在。

亲近民众

对于艺术史的研究人员来说，台北故宫是资源；对于文物爱好者来说，台北故宫是宝库；对于台北周边的居民来说，它并不高高在上，而是更像一个教育和娱乐的中心，任何人，都可以走近它、亲近它。

从1965年蒋复璁任第一届院长起，台北故宫就设立了青少年中心，每周一次免费接待学生参观故宫。到了秦孝仪时期，他所关注的人群更为广泛：不仅设立了面对社会大众的“文物研习会”和对幼童开放的“活动与创意”教室；还在1997年用复制品到岛内各大监狱办巡展。

从2000年起，台北故宫就积极推进文物数字化，希望通过科技与人文的结合，让珍贵的典藏文物跨越时空藩篱，推广至世界每个角落。曾任台北故宫博物院院长的石守谦说，数字教育学习内容是数字化计划的一个组成部分。

此前，由于地域限制，到台北故宫参观的人群包括儿童大部分都是来自台北地区，来自台湾中南部地区的则较少，而来自偏远地区的则更少。台北故宫建立“山上博物馆”，就是要让台北故宫的文化宝藏，跟随着台湾IBM公司的“小小探索家”电脑走向全岛，让台湾每一个角落的孩子们，都有机会体验台北故宫的文物之美，并启发儿童对中华文物有更深的认识与兴趣。

今天，人们走进台北故宫参观时，可以看见展厅中有一个水晶球，观赏者以手掌轻轻触摸水晶球表面，制作精美的珍玩就随之转动，流光溢彩。这是在2005年，台湾“国科会”启动的一项数字典藏科技计划。该计划选用一套立体影像技术，第一期先选定“翠玉白菜”、转心瓶、象牙球、毛公鼎及雕橄榄核小舟等5项故宫知名文物，拍摄重组成立体影像，再把这些立体影像存放在水晶球下方的液晶屏幕，经反射镜穿透一片特殊镜头，成像在水晶球正中央。当观赏者以手掌在水晶球表面做出转动或摩擦动作时，里面的立体影像就会跟着转动，毫无视觉死角，让人一览无遗。

为了让更多年轻人亲近故宫，未来4年台北故宫除了网页优质化，还将举办一系列活动，比如暑期学生研习，让高中生来故宫深入了解文物。另外利用现有的设施，比如“三希堂”餐厅安排南管音乐表演；户外广场让年轻人进行音乐、戏剧、舞蹈、相声、朗诵表演；文汇堂作为表演厅，周六安排昆曲、京剧表演等等。为了创造藏品的艺术价值，增加藏品活力，台北故宫现在正在规划“文化创意产业育成中心”，让艺术生活化、产业化，培养年轻的设计师，让很多有潜力的设计师来台北故宫提高文化素养，促进他们的进步，并推荐给相关的产业界人士，使他们的作品得以承认。

现任台北故宫院长周功鑫说：“怎么样让故宫的藏品发挥她的活力，让故宫本身创造艺术价值，这是我们发展的方向。”

台北故宫主体建筑西侧的一座宴饮中心，名叫“故宫晶华”，游客在观赏完故宫珍宝、大饱眼福之后，可以到此大饱口福。古香古色的餐厅内，摆放深色的硬木桌椅，墙面饰以大文豪苏轼的后赤壁赋及清明上河图，还有描绘文人雅士相聚品茗的《宋徽宗文会图》。

2008年，台北故宫又匠心独具，推出了“国宝宴”。国宝可以看在眼里，还可以吃到嘴里。毛公鼎、弦纹鼎、“翠玉白菜”、“肉形石”、白玉锦荔枝，这些故宫的镇馆之宝、“文物明星”被端上了餐桌。

“国宝宴”的菜品如下：

首先是“翠玉白菜”：一棵迷你白菜斜倚在白色的汤匙上，其形酷似珍宝原件。食材选用产自台湾中部的娃娃菜，整棵菜剥掉90%，只取小小的菜心、长8到10厘米大小。先经过火腿、鸡高汤汆烫入味，然后淋上XO高汤酱汁热食，或搭配咸甜的芝麻酱汁当开胃冷食。珍宝原件的白菜上有螽斯，菜品上放了一只樱花虾替代，食趣十足。

另一件故宫重宝“肉形石”，原为玛瑙类矿物精品。作为“国宝宴”上的一道主菜，则选用上等的蹄髈肉，先入锅卤2至3小时，静置冷却后再用刀工雕出外形。为了做到惟妙惟肖，厨师对着宝物的照片反复比较试作，使菜品看起来肥瘦相间，吃起来汁多入味。

“锦荔枝”是苦瓜的别称。“白玉锦荔枝”原摆放在北京故宫乾清宫东暖阁，是仿雕苦瓜。菜品选用台湾精致农业的代表产品之一“苹果苦瓜”做食材，这种苦瓜外表白胖圆润，其造型与故宫文物原件十分相似，拌以沙拉酱，味道甘甜。

品尝水果也能赏心悦目，主厨仿照西周晚期的“毛公鼎”的造型制作成冰雕，晶亮剔透的“鼎”中，盛装着台湾的特产水果，给人视觉与味觉的惊喜。

战国时代青铜器的代表作“弦纹鼎”，被仿制成白瓷容器，盛装闽菜之首“佛跳墙”。皇宫当年摆放多款珍玩的硬木多宝阁，被主厨用来摆放手工精制的宫廷小点心豆沙鸳鸯酥、豌豆黄、驴打滚、窝窝头。

台北故宫中最受游客喜爱的、闻名世界的这些国宝文物，就这样被端上了餐桌。用故宫文化包装饮食文化，用饮食文化营销故宫文化，台北故宫致力让国宝走近民众，让民众了解国宝，“国宝宴”果然是一记奇招。

文化魅力

1985年10月10日，台北故宫邀请台湾京剧名家郭小庄女士表演“公孙大娘舞剑器”。

诗圣杜甫诗云：昔有佳人公孙氏，一舞剑器动四方。观者如山色沮丧，天地为之久低昂。传说唐朝书法家张旭看了公孙大娘舞剑，其流动的气势、律动的身体线条，触动了他对草书笔法意境的领悟。1000多年后，台湾著名现代舞团“云门舞集”创始人林怀民以怀素《自叙帖》的草书触发灵感，创作了“行草三部曲”。

郭小庄女士于故宫建院六十周年庆祝大会表演“公孙大娘剑器舞”

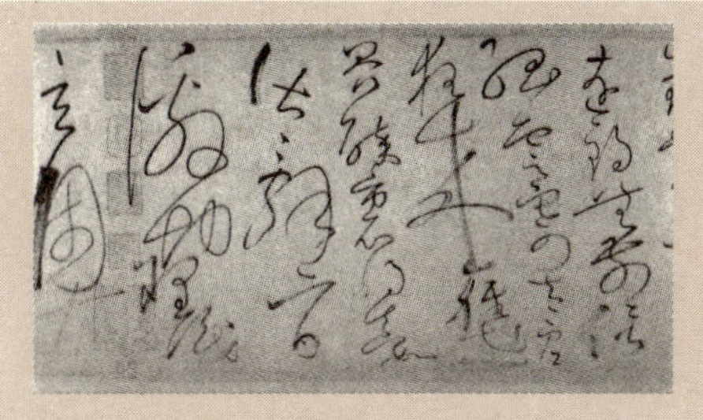

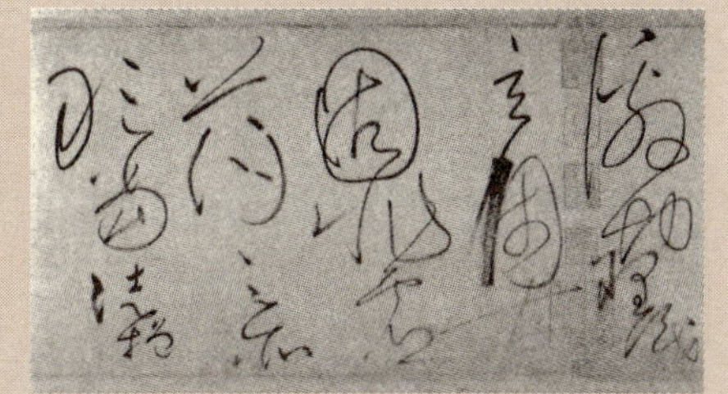

怀素 《自叙帖》

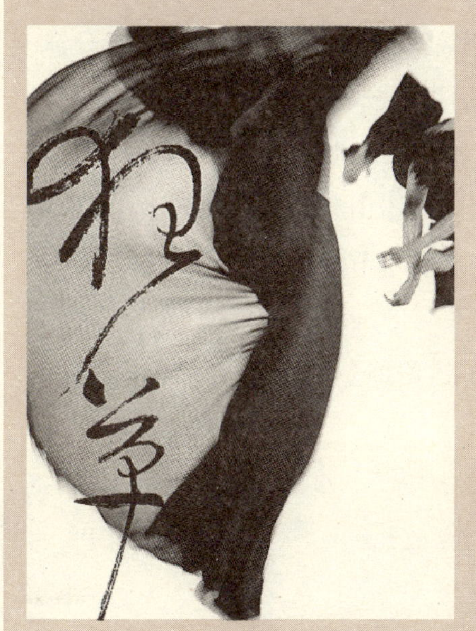

行草三部曲

“行草三部曲”在舞台设计上费了一番功夫：为了设计“行草”字帖投影，工作人员几乎翻遍故宫的字帖。而舞台上的道具则是一个宋代瓷器的造型。5 年来，云门的舞者每个礼拜四下午都练习书法，刚开始有一两个人嘀咕，觉得自己又不是书法家，但后来每个人都感受到了其中的艺术魅力，变得每天都期待练习书法的时刻。

林怀民说“行草二”是他这辈子最美的东西，是以古代书法的斑驳为灵感，以宋代瓷器表现出历经岁月的宣纸质感。

“我好喜欢这帖，看着它就好像跨越时空和古代的大师对话，我常感动得流下泪来。”林怀民这样说着，还用手指追随着笔画划动，“书法是古人以墨迹的外在形式表现出来的‘气’，而我就是要‘偷’它的‘气’来跳舞。”

2007年10月24日，台北故宫博物院首度与国家地理频道合作拍摄纪录片，费时一年半完成《透视内幕：国立故宫博物院》。国家地理频道过去曾制播一系列北京故宫的纪录片，与台北故宫的合作却是第一次。这次国家地理频道通过HD高画质影像，揭开台北故宫的神秘面纱，将人类史上最传奇的文物迁徙故事，完整地诉说出来。影片全长47分钟，内容还包括院藏文物的维护，如何运用科技保存古物，以及如何利用3D数字科技，从里到外剖析古物。此外，台北故宫严密的监视科技与展场文物高规格的温湿度控管作业，与直击山洞库房、数字化典藏应用的成果、甚至包括故宫参加奥地利电子艺术节的当代艺术作品等都一一呈现。

曾担任第一部以故宫为背景的电影《经过》的女主角桂纶镁，此次也受邀担任该纪录片代言人。

宣传创举

2005年故宫博物院成立80周年之际，台北故宫邀请了侯孝贤、王小棣与郑文堂3位导演创作3部影视作品，首度用影视创作来替代简介式的宣传片。侯孝贤拍了《盛世里的工匠记忆》，王小棣拍了《历史典藏的新生命》，两部纪录片加上郑文堂的剧情片《经过》。

导演郑文堂2003年看到一则电视新闻，阿富汗的博物馆在战火下被洗劫一空，博物馆的工作人员在镜头前泣不成声。那个时候，他开始关注博物馆和里面的文物，开始思索，“世界上有多少个博物馆在战火下被炸毁或者被抢夺一空？当代的世界各大博物馆里面是不是都有这样的故事？博物馆是否就是古代文物的终站”。

《经过》是为台北故宫量身定做的片子，由戴立忍和桂纶镁主演，将《寒食帖》颠沛流离的命运和一个女子相思单恋穿插在一起。《经过》表现了一件艺术品、一个宋代的艺术家与几个现代人之间时空交错、命运交织的故事。

台北故宫提供了拍摄场地，也提供了苏东坡的《寒食帖》做主要道具，甚至开启了最重要的文物山洞让影片取景，可见对此片的重视。

2006 年中秋节前一天的下午两点，位于台大附近的摇滚酒吧 The Wall 门口排起了长队，200 多名 20 岁左右的年轻人来这里参加电影《经过》的见面会。影片的初衷看来是达成了。

台湾作家张惠菁在观看《经过》之后发出感慨：人世间最珍贵的无价之宝是什么？台北故宫博物院珍藏的每一件国宝都是。不过，《经过》告诉我们，对当年协助运送国宝到台湾的老兵而言，无价之宝是他的母亲临别挂在他脖子上的一个小玉坠！而远从日本到台湾探访《寒食帖》的年轻人，为的也不是珍贵墨宝，而是童年的回忆！

2006 年，已经 85 岁高龄的院长秦孝仪接受采访时说，他心中台北故宫最珍贵之宝物有两件，建议大众参观时一定要看，其一是苏东坡的《寒食帖》，第二个就是黄庭坚的《花气薰人帖》。

电影《经过》宣传海报

上图　婴儿枕
右图　玉辟邪
下图　青玉人物笔洗

“花气薰人欲破禅，心情其实过中年。春来诗思何所似，八节滩头上水船。”2006年，台北故宫制作广告片，歌手林强以河洛闽南古语吟唱这首诗，搭配电子音乐与古琴声，视觉、听觉、意念都让人有耳目一新之感，别有一番风味，是台北故宫的又一次宣传创举。

为了以新颖的影像手段更好地向普通民众宣传故宫国宝，台北故宫创作了《国宝总动员》，这是部三维动画，片长13分钟，总制作费超过4000万新台币，目的是希望通过动画作品来拉近民众与中国古老文物的距离，加强大家对中国历史文物的兴趣。其中，为了贴近大众趣味，还找来了著名艺人小S担任配音。

影片中将3件中国历史文物“婴儿枕”、“玉辟邪”、“玉鸭”以拟人的手法化身成片中主角，婴儿枕是北宋定窑的白瓷，造型是一个白胖小儿，玉辟邪是汉代清白玉雕琢的四足兽，翘尾丰臀的玉鸭雕工简单精致，形神都十分可爱。故事描述的是台北故宫日落之后，展厅内的文物逐渐苏醒过来，彼此把酒高歌、追逐嬉戏。3个主角婴儿枕、玉鸭和玉辟邪，因为在嬉闹中弄丢了“翠玉白菜”上的螽斯，一场追捕螽斯的旅程就此展开，他们在追逐寻找中夜半大闹台北故宫，并在冒险历程中逐一结识其他50件故宫明星文物。

新颖的创意，生动的形象，让古老的文物借助现代科技复活、展现魅力，这种创新方式受到民众热烈欢迎。《国宝总动员》荣获2007年“国际博物馆与文化资产多媒体展示及竞赛会议”影视类震撼奖；2008年3月底，又从全球21个国家，466件作品中脱颖而出，拿下2008年东京动画影展首奖。

附：

台北故宫博物院出品的部分DVD制品：

《故宫文物宝藏·清明上河图》

《故宫文物宝藏·绘画篇——梅、兰、竹、菊》

《故宫文物宝藏·多宝格篇》

《钧窑之美》

《故宫书画菁华》

《清宫奏折档台湾史料》

《珍藏汝窑》

《天下一人》（宋徽宗与北宋书画的新局）

台北故宫新馆落成鸟瞰

國寶
大故事
第四章
肆

关于两座故宫博物院，一直有个说法，北京故宫博物院是“有馆无宝”，台北故宫博物院是“有宝无馆”。“有馆无宝”，是指北京故宫博物院虽拥有整座紫禁城，但精品文物已被运往台湾；“有宝无馆”，则是说台北故宫博物院虽拥有故宫精品文物的百分之九十五，但没有北京故宫博物院那样的明清古建筑群。

我以为这是一个误解，一个一直以来错误的认识，实际上北京故宫既有馆又有宝。她在成立之初藏有明清珍贵档案800余万件，古籍善本50多万册，器物书画100万件，总计达960万件。1980年，中国第一历史档案馆成立，接收了北京故宫博物院的明清档案。不久，国家图书馆及一些省市和大学图书馆又分到了北京故宫博物院的14万册古籍善本。现在北京故宫有藏品150余万件，包括新中国成立后，从各地征集了24万多件文物。北京故宫不仅拥有世界文化遗产的明清古建8000多间，而且还拥有着中华文明数千年来所创造出来的经典艺术作品。它们都是无价的国之珍宝。而台北故宫博物院珍藏的文物数量则有65万件。

当年迁台时，最先挑选出来的文物是青铜器，共2382件。因为杭立武、翁文灏、傅斯年等学者们都认为金石是最重要的，鼎是国家的象征，能拿走的，尽量拿走。书画因为运输方便，拿的也多，共5424件。这其中囊括了宋元山水的精品，现在是台北故宫博物院的得意之藏。陶瓷方面，北京故宫博物院各瓷器陈列室与敬事房的精品17934件都拿走了。此外谦谦君子，温润如玉，学者们对玉器也挑出了不少。

这些精品中的精品，其珍贵价值不仅在文物本身，还附加有他们自面世到如今，千百年来因缘聚散的曲折身世。台北故宫博物院的文物绝大部分本是北京故宫博物院文物的一部分，在被创造诞生的过程中，在被人们欣赏、赞叹的历史流转过程中自有它们了不起的趣味与风情，可以说件件都是人类艺术史上的经典。这些稀世瑰宝，其价值早已超出了“文物”二字所蕴涵的概念，它们包含着中华文明在思想、哲学、物质价值、工艺技巧、审美取向乃至人文精神、信仰领域里数千年的传承与坚守。几乎件件作品都是活着的情感和一段传奇的命运，因为它们的身上，已经被我们的祖先们浸透了各种念想和灵魂。

韩熙载夜宴图（局部）

附：

北京故宫博物院经典文物

绘画：

东晋：顾恺之的《洛神赋图》（古摹本）、《列女图》（古摹本）

隋：展子虔的《游春图》

唐、五代：阎立本的《步辇图》（古摹本）、传为周昉的《挥扇仕女图》、韩滉的《五牛图》、顾闳中的《韩熙载夜宴图》

北宋：郭熙的《石平远图》、宋徽宗赵佶的《雪江归棹图》、王希孟的《千里江山图》、张择端的《清明上河图》等

书法：

西晋陆机的《平复帖》、王羲之的《兰亭序》三种最佳唐摹本、王珣的《伯远帖》、李白的《上阳台帖》、杜牧的《张好好诗》、颜真卿的《竹山堂联句》、柳公权的《蒙诏帖》等。

陶瓷：北京故宫收藏陶瓷器共35万件，其中明清官窑超过30万件，宋五大民窑几百件。

玉器：北京故宫藏有玉器28461件，藏有商代玉器近1000件。

石鼓：这些石头上刻有最古老的篆字。

玺印：北京故宫藏有明清帝后玺印近5000件。

钟表：北京故宫收藏中外钟表1500多件，包括英国、法国、瑞士等地所产。

国宝中的国宝之传奇

《快雪时晴帖》与三希堂

一日，雪后朗朗晴空下，不由得使人心旷神怡。王羲之这天的心情很好，于是提笔写信一封致友人。其上曰："羲之顿首。快雪时晴，佳想安善。未果为结，力不次。王羲之顿首。山阴张侯。"这短短的 28 个字，就是让人神往了千年之久的《快雪时晴帖》。

《快雪时晴帖》长 23cm，宽 14.8cm，以"羲之顿首"四字行草开头，以"山阴张侯"行楷结尾，山阴张侯本是收信人的名字，书于信封之上，后制作此帖时，将它粘在了同一张纸上。据说"山阴张侯"这四个字是后来人加上的。何时加上、谁加上的，不得而知。有人评论说："《快雪时晴帖》给人的感觉是气定神闲、不疾不徐的情态。"它是"圆劲古雅，意致优闲逸裕，味之深不可测"。许多书法爱好者认为《快雪时晴帖》是仅次于王羲之所书"天下第一行书"《兰亭序》的又一件书法神品。

《快雪时晴帖》上有太多的题跋款识、印章，从这些可以看出这幅艺术作品在各个朝代之间流转的故事。先是被宋徽宗收入了宣和内府，后

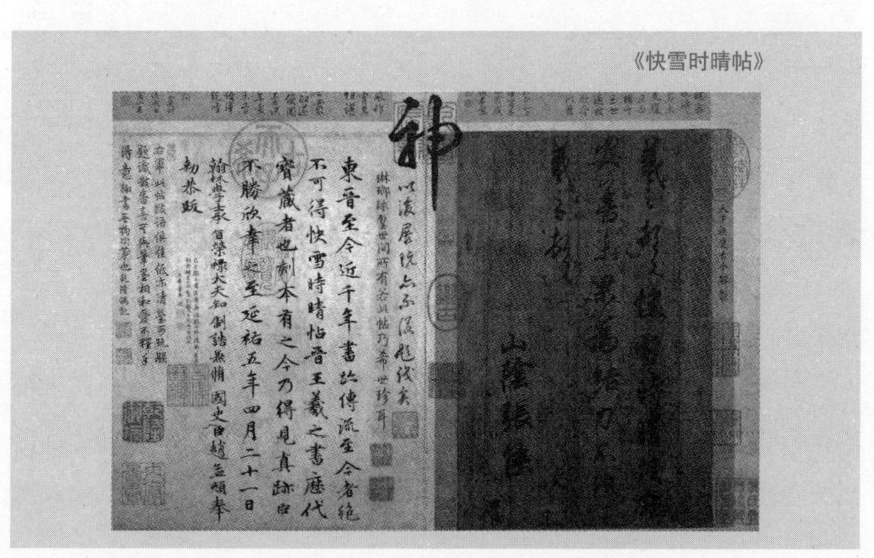

《快雪时晴帖》

又被有点洁癖、才高八斗、精于算计的米芾纳入他的“宝晋斋”。元代的赵孟頫曾在上面题过字，这位宋代的皇室成员、元代初年闻名天下的文人认为这幅字是天下第一法书。明代时它的主人分别是朱成国、王稚登。明清之际，它归于一个叫冯铨的人，此人似乎人品不佳，明代投靠魏忠贤，官做得很大。不知是什么机缘，这天下第一法书落在了他的手里。后来，多尔衮打进了北京，此人又立刻当了清朝的官，也很大，官至礼部尚书。有一次，不知道怎么回事，惹怒了顺治皇帝，骂了他。当时有人评价他是一个滑头。冯铨死于康熙年间，后来他的儿子讨好康熙皇帝，在康熙十八年（公元1679年）将《快雪时晴帖》上供给了朝廷。从此，《快雪时晴帖》入藏紫禁城。最痴迷《快雪时晴帖》的，是乾隆。他评此帖为“龙跳天门，虎卧凤阁”，全书二十八字，是“二十八骊珠”，还在帖前写了“天下无双，古今鲜对”，“神乎其技”，并常常带在身边。今天我们看到这个法帖，乾隆的这些字总是很大很显眼。

乾隆一生酷爱书法，收藏有历代最多的书法珍品。他把《快雪时晴帖》和王珣《伯远帖》、王献之《中秋帖》一起放在养心殿西暖阁内。养心殿西暖阁是乾隆的书斋，里面收有晋、唐、宋、元诸名家法帖。乾隆在书斋里面专门为三帖装修了一个不到8平米的小书斋。我们摄制组曾在这里进行详细的拍摄，这儿有乾隆帝亲笔御书匾额“三希堂”。“三希”有两层意思，一是三帖为稀世之珍宝，二是“士希贤，贤希圣，圣希天”，是乾隆自勉之语。台北故宫博物院正馆四楼，曾经有一个展览中国文人生活、琴棋书画的展示室，参观者可在此品茗赏琴，它的名字，也叫“三希堂”。这是秦孝仪当政时修的，现在被改成了有现代装潢的茶餐厅，最近还推出了很多故宫菜系，如：“翠玉白菜”、“肉形石”等。

据说每年冬天第一场雪之后，乾隆就会把《快雪时晴帖》取出来评赏怀古一番，并在裱框的四周写字赋诗。

事实上，三希堂的3件珍品，除了王珣的《伯远帖》，另外两件都不是原作。千年来战争不断，朝代更替。王羲之所有的书法真迹都已经失传了，没有一幅能保存到今天。王献之的《中秋帖》是宋代人米帝的临本。而这幅《快雪时晴帖》，则是唐代书法家用双钩填廓法临摹复制的。所谓双钩填廓法，就是用一张透明的薄纸，或将稍厚的纸涂上一层蜡铺在原作上，描出轮廓后，再将它描在要复制的纸上，然后按原样用墨填写。这样的复制品不仅形貌上与原作几乎一模一样，而且连原作的神韵都能保持下来。由于《快雪时晴帖》是直接从王羲之的真迹上临摹复制的，而且年代距王羲之最近，又是唯一的一件，所以后人就一直把这幅《快雪时晴帖》当作真迹看待，成为了悟王羲之书法的最佳作品。在真迹失传的情况下，这件距今 1300 多年的复制品能流传下来已是珍稀无比了。

《快雪时晴帖》安稳地在养心殿一直呆到宣统末年，溥仪退位之后，它的命运又开始了曲折的迁移和流浪。

从宣布退位到被冯玉祥的军队赶出紫禁城，这段时间，溥仪依然在小范围内做着他的宣统皇帝。每逢初一十五，北平的老百姓都能看到遗老们穿着朝服在神武门来来去去。但这时的朝廷已经没有收入了，要维持生活，只能变卖皇室宝物。据说溥仪的庶母瑾妃，大名鼎鼎的“翠玉白菜”的主人，曾打过三希堂珍藏的主意，因为《快雪时晴帖》名气太大，瑾妃没敢下手，只偷偷地取出了《中秋帖》和《伯远帖》，也没敢去大的古玩店，就在后宫门外的小铺子——品古斋，低调地脱了手。就在现在的后海烟袋斜街上，当年就有很多宫女和太监，甚至还有一些王宫大臣，也悄悄地拿出一些宫里的文物偷卖。这条街很是热闹过一阵子。

《中秋帖》和《伯远帖》被卖掉了，三希堂里只剩下一希——《快雪时晴帖》。1924 年 11 月，溥仪被赶出故宫，军警和办事人员在神武门对这最后一位皇帝的行李进行检查时，在一个太监的铺盖里抖出了一个纸卷，打开一看，竟然是《快雪时晴帖》。

当时已是下班时间，各库房门都锁了，大家都不知道拿这件宝物怎么办才好。商量半天，最后派人去市场上买了一个大保险柜，把《快雪时晴帖》放进去锁好，柜子再锁入神武门旁的西值房里，就这样过

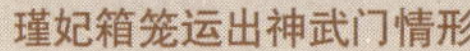

瑾妃箱笼运出神武门情形

神武门前宫女出宫情形

了一夜。

抗战爆发后，故宫文物开始南迁大后方，其中也包括《快雪时晴帖》。临近南迁之前的某日，北平著名的收藏家郭葆昌突然邀请故宫博物院院长马衡、古物馆馆长徐森玉和庄严去他家吃火锅。原来郭先生当时已购得了《中秋帖》和《伯远帖》，并对“人间三希，我得其二”引为生平最快意的事情。席间，郭葆昌的儿子郭昭俊也在。郭葆昌当其面承诺，在自己去世后要将这二希无条件地归还故宫，让三希再聚一堂。他当初是在逛故宫附近的“宝晋斋”时偶然发现这两件国宝的，并立刻出手买下。他当过袁世凯的财务主管，家道还算殷实，然而世事无常。

抗战结束，内战爆发，1948年月12月，中鼎轮载着第一批文物从下关码头出发前往台湾，《快雪时晴帖》从此离开了大陆。此时三希堂的另外两希，《中秋帖》和《伯远帖》仍在郭家人手里。郭葆昌抗战期间已经去世，当时郭昭俊遵其遗嘱将家中的文物悉数捐赠故宫，却没有《中秋帖》和《伯远帖》，故宫方面也没好意思追问。

1949年，郭昭俊终于带着《中秋帖》和《伯远帖》找上门来，但他并非完全是为了履行父亲当年对故宫所作的承诺。因为家道中落，急需金钱，郭昭俊希望以半卖半送的方式，将两帖转让。郭公子索价 1 万美金。但不知为什么，此事最终没能办成。大概是当时战乱和忙着搬家，财力不够吧。郭昭俊失望而去，将《中秋帖》和《伯远帖》抵押给了香港一家外国银行，期限一年。

一年后，二帖典当期满。因做生意失败，郭昭俊无力赎回两件宝物。两帖将被拍卖，很有可能就流失到国外。台北不买，北京买。周恩来总理批示成立了“香港秘密收购小组”，由国家文物局副局长王冶秋和故宫博物院院长马衡赶赴香港以 35 万元的价格，将《中秋帖》与《伯远帖》带回了北京。三希重聚，不知会在何时了。

2008 年，在我们制作纪录片《台北故宫》时，得知北京故宫方面正在与台北故宫博物院协商计划将三件国宝聚在一起做一次展览，但现在还无结果。将来或许会在台北，亦或在北京……

《寒食帖》

一曰：“自我来黄州，已过三寒食，年年欲惜春，春去不容惜。今年又苦雨，两月秋萧瑟。卧闻海棠花，泥污燕支雪。暗中偷负去，夜半真有力。何殊病少年，病起头已白。”

二曰：“春江欲入户，雨势来不已。小屋如渔舟，濛濛水云里。空庖煮寒菜，破灶烧湿苇。那知是寒食，但见乌衔纸。君门深九重，坟墓在万里。也拟哭涂穷，死灰吹不起”。

宋元丰三年（1080 年），苏轼被贬谪至湖北黄州，在这里他给自己取号“东坡”，虽然乡间自有情趣，但不知不觉 3 年已过，已经 48 岁的他觉得自己报国无望。恰逢寒食节，清冷有雨，这间岸边的简陋小屋犹如江上漂泊的小渔船，笼罩在茫茫的水雾中，苏轼触景生情，于是提笔写下了千古绝篇《寒食帖》。

“那知是寒食，但见乌衔纸。”

在凄苦的怨诉诗文中，字迹也逐渐展开。

前7行书家心境较为平和，书写中规中矩，而后随情感激越，用笔率意奔放，恣肆挥洒。尤其到末句，“也拟哭涂穷，死灰吹不起”。

“哭涂穷”三字陡然放大，让人为之一震，而“死灰吹不起”之后，笔锋又戛然而止。似乎可以明显地感到他那一瞬间巨大的悲哀。

“苏轼在《寒食帖》中情感波澜起伏。前七行书家的心境还比较平和，书写中规中矩，结字以扁平为主。随着情感逐渐向激越过渡，用笔也逐渐沉着痛快，字形出现正斜交替变化，用笔无拘无束，率意奔放。书到后面，越发恣肆挥洒，特别是“哭涂穷”这三个字，字形猛然放大，突兀地出现在读者眼前，产生了令人心惊胆战的视觉冲击力。随着‘死灰吹不起’全文戛然而止。”我们的纪录片是这样描述这幅作品的，我曾在台北故宫博物院多次看到它，也听到台湾大学的一个学生对它的讲解，讲的很细腻、动听，意思跟上面说的大概差不多。“《寒食帖》的书法艺术语言运用得炉火纯青、恰到好处。凝重与流动、豪放与平和，有机地融为一体。如果我们再把作者所表达的心境和书法综合起来观看，一幅日暮途穷，‘断肠人在天涯’的场景会清晰地展现在世人面前。读着这样的文字，一股悲凉之气，充塞胸襟。在手稿的结尾作者并没有落上自己的名款，仅“右黄州寒食二首”便草草结束了。这在苏轼传世作品中是绝无仅有的。”

千年之后，我们依然会面对这幅作品，感受到苏轼起伏跌宕的情感变化。据说，秦孝仪院长十分喜爱这幅作品。

古代书画能传到现在，身世大多辗转，历朝历代收藏它们的人经常会在帖后记录下作品流传到自己手中的经历。

最早在《寒食帖》上写后记的人是作者苏轼的好朋友黄庭坚。他盛赞此卷曰：于诗胜李白，于书兼有唐、五代诸家之长。他的《花气薰人帖》同样也是台北故宫博物院的镇馆之宝，此件作品写得极其潇洒飘逸，令人神往。

苏轼作为宋代书坛“尚意”书风的开山之人，终其一生推崇王羲之、王献之父子，他推崇二王书法的“绚烂至极，复归平淡”，王羲之那种不激不励、平淡深邃的书法风格是苏轼心中的最高典范。而苏轼对唐代书法整体上评价并不高，认为唐人一味追求形式，缺乏新意。“尚意”书法无论在理论上还是在实践上，对于唐代“尚法”书风都是一种背叛或者说挑战。但是在他需要明确指出一个他心目中最好的书法家时，苏轼却偏偏没有提及书圣王羲之、也没有提王献之。而是出人意料地把这个惟一的选择献给了唐代的颜真卿。在唐代书家中，苏轼惟对颜真卿情有独钟。在对中国传统文化进行总体评价时，他说：“诗至于杜子美、文至于韩退之、书至于颜鲁公、画至于吴道子，而古今之变，天下之能事，毕矣。”他认为杜甫的诗、韩愈的文、颜真卿的书法、吴道子的绘画至善至美，能达到他们的程度，天下所有之能事，就可以到此为止了。

历代鉴赏家均对《寒食帖》推崇备至，称道这是一篇旷世神品。南宋初年，张浩的侄孙张演在诗稿后另纸题跋中说：“老仙（指苏轼）文笔高妙，灿若霄汉、云霞之丽，山谷（指黄庭坚）又发扬蹈厉之，可谓绝代之珍矣。”自此，《黄州寒食二首》诗稿被称之为“帖”。明代大书画家董其昌则在帖后题曰：“余生平见东坡先生真迹不下三十余卷，必以此为甲观。”清代将《寒食帖》收回紫禁城，并列入《三希堂帖》。乾隆十三年（1748 年）四月初八日，乾隆帝亲自题跋于帖后：“东坡书豪宕秀逸，为颜、杨以后一人。此卷乃谪黄州日所书，后有山谷跋，倾倒已极，所谓无意于佳乃佳……”为彰往事，又特书“雪堂余韵”四字于卷首。

因为有诸家的称赏赞誉，世人遂将《寒食帖》与东晋王羲之《兰亭序》、唐代颜真卿《祭侄稿》合称为“天下三大行书”，或单称《寒食帖》为“天下第三行书”。还有人将“天下三大行书”作对比：《兰亭序》是雅士超人的风格，《祭侄帖》是至哲贤达的风格，《寒食帖》是学士才子的风格。它们先后媲美，各领风骚，可以称得上是中国书法史上行书的三个经典。

到了近代，《寒食帖》的命运多舛。清咸丰十年（1860 年），英法联军火烧圆明园，《寒食帖》险遭焚毁，旋即流落民间，为冯展云所得，冯死后为盛伯羲密藏，盛死后被完颜朴孙购得，曾于1917年在北京书画展览会上展出过，受到书画收藏界的密切关注。1918年转传到颜韵伯手中。当年12月19日为苏轼生辰，颜韵伯作跋记录此事本末。1922年，颜韵伯游览日本东京时，将《寒食帖》高价出售给日本收藏家菊池惺堂。1923年9月，日本东京大地震，菊池家遭灾，所藏古代名人字画几乎被毁一空，当时，菊池惺堂冒着生命危险，从烈火中将《寒食帖》抢救出来，一时传为佳话。震灾之后，菊池惺堂将《寒食帖》寄藏于友人内藤虎家中一年有余。1924年4月，内藤虎应菊池惺堂之请，作跋以记《寒食帖》从中国辗转递藏至日本之大概情形。第二次世界大战期间东京屡遭美国空军轰炸，《寒食帖》幸而无恙。

《寒食帖》流失海外，一直使华夏子孙耿耿于怀。第二次世界大战刚一结束，国民政府外交部长王世杰私嘱友人在日本访觅《寒食帖》，当知下落后，即以重金购回，并题跋于帖后，略述其流失日本以及从日本回归中国的大致过程，千年国宝赖王世杰先生之力回归祖国，至今珍藏在台北故宫博物院。

一次，在台北的一次书画展中展出了一幅长达7.3米的《寒食帖》卷轴复制品，轰动一时，见者无不称奇。据说此种复制品只有10件，大部分被国际上享有盛誉的国家博物馆珍藏，有两件则下落不明。1975年前后，日本友人著名的“东坡迷”山上次郎花巨资买下了台北展厅中的最后一幅复制品。1985年11月2日，山上次郎率日本“东坡参观访问团”来到黄州东坡赤壁，出于对苏轼的景仰，也出于对东坡赤壁的钟情，山上次郎慨然将其高价购到的最后一幅《寒食帖》卷轴复制品捐赠给东坡赤壁管理处，这幅复制作品因而成为在中国大陆的唯一珍品。1995年，又经山上次郎倡议，在东坡赤壁修建了“中日友好之舍”，首次公开展出了该《寒食帖》卷轴复制品。2006年为庆祝故宫博物院建院80周年庆典，这件国宝再次与世人见面。

这是我们的纪录片《台北故宫》对《寒食帖》的一段描述：

“千年以来，长江边的这个小县城，不会因为一个被贬的官员而有任何改变。它的名字只是由宋朝时候的黄州改为今天的黄冈。

1082 年，苏轼这个北宋文坛领袖，已经在这个地方贬居三年，因为住在河东岸的坡地，他把自己的号改叫东坡。

这一年的寒食节，连绵的阴雨笼罩江岸，春江水漫，似乎就要冲垮家门。

外面是冷雨，炉灶上是冷食，苏东坡裹在湿冷的被子里，他觉得自己就像一个病了很久的人，已经被人遗忘。

(苏轼自白)：‘自我来黄州，已过三寒食。’

蒋勋：‘我来黄州已经第三年了，我每一年到这个时候都好惋惜春天要过去了，花开花落，可是一般人读这首诗，我相信现在还很少从这个角度去看。他绝对不是在讲花，我觉得他在讲自己。

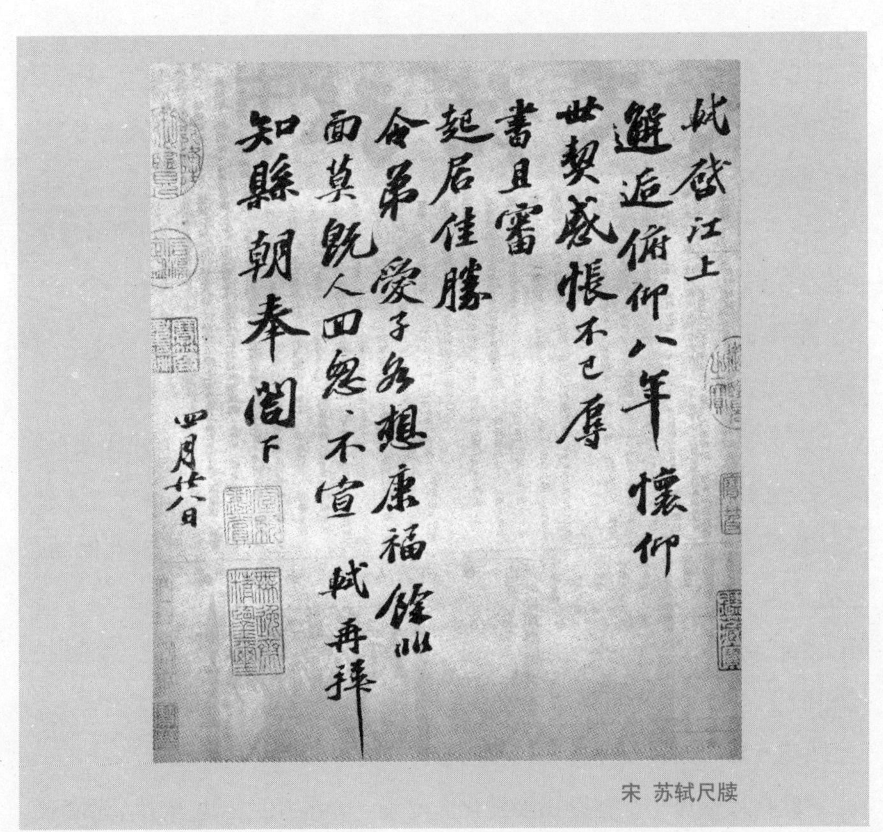
軾啟江上
邂逅俯仰八年懷仰
世契感悵不已辱
書且審
起居佳勝
令弟愛子多想康福餘以
面莫既人回忽忽不宣軾再拜
知縣朝奉閣下
四月廿八日

宋 苏轼尺牍

花是干净的，花是美丽的，花是高贵的。可是我觉得书法里如果大家看到，落花的花最后一个字，跟下面一个字，就是泥污胭脂雪是连在一起，花跟泥是牵丝牵在一起。书法上非常奇怪可是他让你看到花跟泥是牵丝牵在一起。那这两个字如果放大，是非常惊人。我觉得苏东坡领悟到，原来自己一直把自己当花，当花就娇贵，当花娇贵你就不能够下来。我相信所有的知识分子大概都有这个洁癖，可是有一天你如果让最烂的泥土在你身边，你变成脏臭不堪的时候，你能不能过这一关？'”

蒋勋，是台湾的一位文化学者，我们采访了他，他或许更能读懂苏东坡。

《花气薰人帖》

在宋朝，“苏、黄、米、蔡”并称为“宋四家”。

黄庭坚诗写得很好，书法呢？人们以为他在书法上的突破是因为碰到了苏东坡。

他和苏东坡亦师亦友，据说，在对苏东坡的崇拜、反叛、回归和超越中，黄庭坚完成了自己书写风格的蜕变与成熟。

早年他崇拜苏轼的书法，连拿笔的手法都学习苏轼的单钩。之后，向颜真卿学习，《天民知命》可以清楚地看出是模仿颜真卿的痕迹。

苏东坡对他早年书法评价不高——“多俗笔”，这句话估计让他很郁闷，给他很大的刺激。“俗”成了他一生最怕听到的字。

抛弃了苏轼的执笔方式，用双钩高提笔，令手腕随自己的意愿随意运动。他选择草书突破。

当在长江三峡边上的涪陵看到怀素的《自叙帖》真迹后，他感到震撼和痴迷，于是废寝忘食地开始临摹。

《花气薰人帖》便创作于这个时候。

“此帖尺幅虽小，却有诸多变化。笔画干、湿互见，重者密，轻者疏，结体倾侧，重心忽左忽右，欲离又合，顾盼有情，行列参差，大有可观。”我第一次看到它的时候，觉得这个字写的很帅、很潇洒，估计黄庭坚是不是也想象自己是这样。第二次看到它的时候，突然被其中的一笔给牵引住了，心中泛起一种莫名的感动。我突然明白了，为什么1000年前的东西会让今天的人痴迷，如果你有心，读懂他或它，它会产生一些心心相映的化学反应。

“花气薰人欲破禅，心情其实过中年，春来诗思何所似，八节滩头上水船。”

“这首诗，传达了黄庭坚对自己年龄、岁月、春天、生命创作许多复

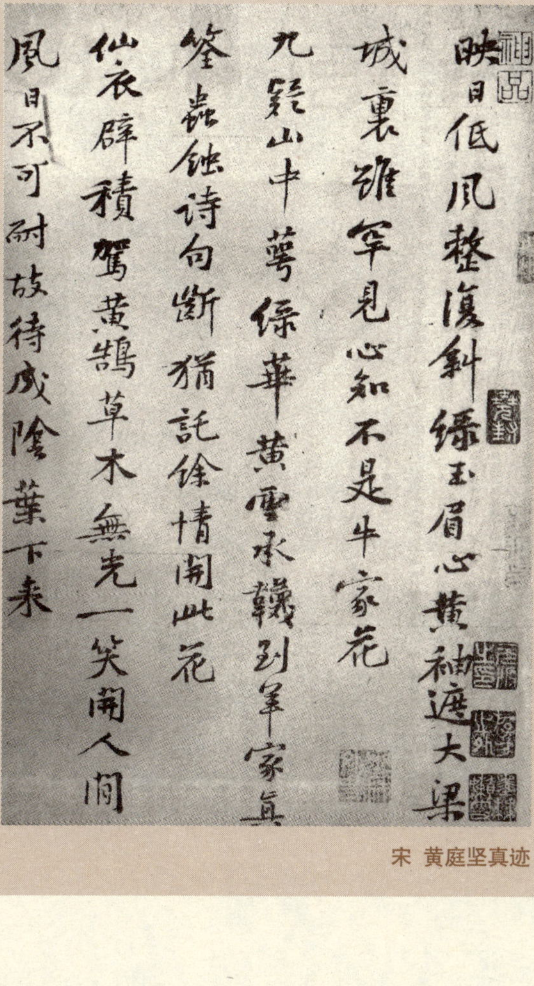

宋 黄庭坚真迹

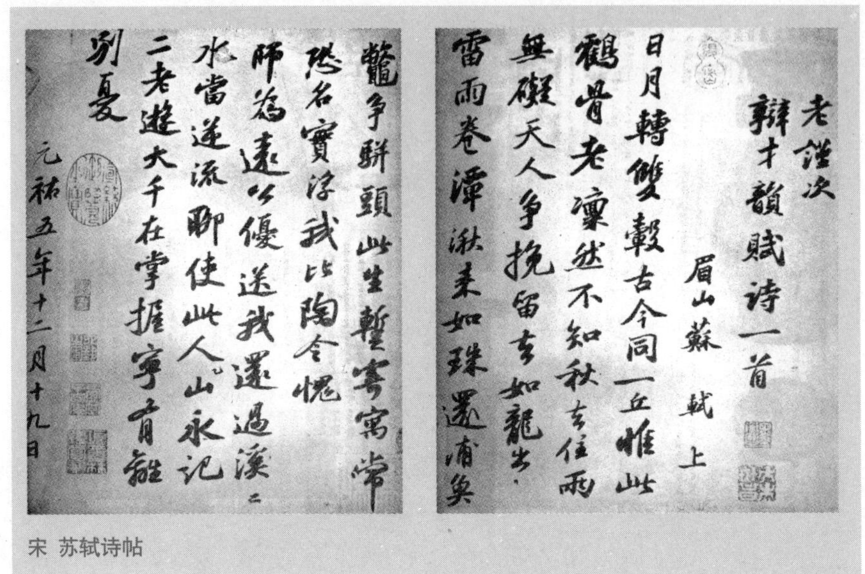

宋 苏轼诗帖

杂的经验；更把黄庭坚平日严谨的中锋线，和草书中的宛转结合起来，是欣赏书法不可多得的佳作。”

2006 年，台北故宫博物院以这幅书法制作广告片，由歌手林强，以河洛闽南古语吟唱这首诗，搭配现代节拍，确是一种创新。

这是我们纪录片《台北故宫》中的一段话：“公元 1100 年的一天，黄庭坚正在家闭关修行，突然有人送来满屋子的花。送花的是驸马王铣，因为黄庭坚曾答应给自己写诗，但过了好久也没收到，就送花来提醒他。可没想到这花气却完全扰乱了黄庭坚的禅定。

‘我的禅定就被这花浓郁的香气打破了，我现在心境已过中年，不想被打扰，但是你却在春天送来这些花催我写诗，却不知我现在的状态就像一尾小舟在八节滩头的逆流颠簸徘徊……’”

《清明上河图》

《清明上河图》有很多称谓：传世名画、一级国宝、不朽杰作、独一无二的现实主义长卷风俗画……每一个称谓都当之无愧。

这幅画的作者张择端是南北宋交接时期的画家，东武（今山东诸城）人。宋宣和时期，因当朝皇帝宋徽宗酷爱艺术，在国子监下设画学，把以前的工匠绘画场所转为一个正式机构——翰林书画院，其中有些人还获得了和官员一样的待遇，比如佩戴上表示士流身份的鱼袋。张择端在画院任画史，并在那个时期创作出不朽名作——《清明上河图》。记得有一年，该画曾在上海博物馆展出。有许多观众连夜排队花去10多个小时就是为了看一眼这件国之珍宝。2006年，它曾在北京故宫博物院展出过一次。

《清明上河图》为绢本长卷，淡着色，画幅纵24.8厘米，横528.7厘米。全画采用三段式，第一段是春天里的郊野景色，第二段描绘了熙来攘往的码头，第三段是人群交织的繁忙街市，渲染铺陈，工笔细描。原野、江河、商街、舟车、摊铺、市招，整幅画卷描绘人物1600位，神态各异，动物208只，栩栩如生，其间穿插各种活动，描画仔细，戏剧性强，汴京的繁华跃然纸上。

这幅名画的第一位收藏者，是成功的艺术家兼失败的皇帝——宋徽宗。张择端在完成这幅歌颂太平盛世的历史长卷后，首先将它呈献给了宋徽宗。因此画上的第一次题字就是宋徽宗著名的瘦金体——“清明上河图”。据考证，图上应该还有宋徽宗的双龙小印，但现在，题字和双龙小印都没有了。一种说法是因为此图流传年代太久，把玩者太多，开头部分遭到了损坏，于是后人装裱时便将其裁掉。还有一种说法是后人为赚更多的钱，故意将宋徽宗的题记、双龙小印和《清明上河图》开卷处的一段山水一起裁去，作另一幅画卖掉。但后一种说法可信度不大，因为至今也没有看到过有宋徽宗题记“清明上河图”五字及双龙小印的画作出现。

明嘉靖三年（1524年），《清明上河图》转到长洲人、太子少保、兵部尚书陆完的手里。陆完夫人非常喜欢这幅画，在陆完死后，她把画藏在枕头中，谁也不给看。夫人有一个喜欢绘画的外甥，姓王，号振斋，能言善谈。此人非常想看到这幅画，好说歹说说动了陆完夫人，看到了梦寐以求的《清明上河图》。虽然事先限定了时间，并且规定不带笔墨，但这位王生天资过人，博闻强记，将画中房屋、街道、舟车及人物构图布局等默记下来，回去之后，自己靠记忆画了一幅，流传于世，成为《清明上河图》众多盗版之一。

除了这个故事，明朝时关于《清明上河图》的逸闻趣事还有很多。传说中严嵩父子的强取豪夺就有两次。一次是说，太仓王忬任两浙巡抚时，有一个姓汤的裱画师，生活十分困难。王忬同情他，将他带回家中生活，后来又把他推荐给严世蕃。严世蕃得知王家收藏有《清明上河图》，强行索要。王忬当然不愿意，但也不能得罪这位高官，于是请人画了一幅摹本送去。没想到姓汤的裱画师对严世蕃说，王忬送来的画是假的。严世蕃大怒，找借口杀掉了王忬。

清明上河图（北京故宫）

另外一次，是说陆完死后，其儿子急等钱用，便将《清明上河图》卖给昆山顾鼎臣家，严嵩知道后，强行索去。隆庆时，严嵩父子被御史邹应龙弹劾，而后失势，严世蕃被斩，严府被抄，《清明上河图》再度收入皇宫。

还有一个故事，明人詹景凤的《东图玄览编》有记载，说是明朝的隆庆皇帝对字画不感兴趣。成国公朱希忠知道《清明上河图》收藏在宫中，心想这么好的一幅画落在一个不懂风雅的皇帝手里实在是暴殄天物，于是奏请皇帝将《清明上河图》赐与他。这隆庆皇帝是个精明人，对朱希忠说可以给你，但要抵你的俸禄，还把画估了个高价。这价格让一个小太监听到了，发现此画原来价值连城，于是见利起意将画盗走。小太监带着画正要出宫，迎头遇上管事太监，小太监急忙将画藏到阴沟里。恰遇当天下雨，并且一下便是3天，画在沟中不腐烂才怪。

如果按此说法，则《清明上河图》早在明时便已被毁，现存都是摹本了。幸好后面还有解释。原来这个故事是隆庆帝的秉笔太监、东厂首领冯保杜撰的。冯保得知《清明上河图》的价值以后，将画盗走，然后编造了

以上离奇的故事，以掩人耳目。

其实关于《清明上河图》的真伪，历来便有不少传说。但凡千年珍宝，大多会被岁月添加上一层又一层的谜雾，《清明上河图》自不会例外。最早的传说可以追溯到元代至正年间，宫中有个装裱匠，偶见《清明上河图》，知道这幅画价值非凡，便自己制一临摹本，把真本换出，卖给了武林（杭州）的陈彦廉，陈后来急于用钱，就卖给博雅好古、寓居北京的杨准。此后真本失去消息，到底在何处谁也不知道。而从宫中流传至今的，都是仿作。此外，清代长洲人徐树丕《识小录》记载说，有一位叫汤勤的裱褙匠认为：《清明上河图》里有一处是4个人在掷骰子，其中两颗骰子是六点，还有一颗在旋转，这个掷骰子者张着嘴作叫“六”状，希望再出一个六点。汴（开封）人呼“六”字用撮口音，画中人却张着嘴叫“六”。这个汤勤还研究了画中一只麻雀的脚爪，居然长到能踏在两片瓦角上，这样的败笔不会出现在张择端的画中，因此这幅画必是伪作。听起来倒是很有道理，但《清明上河图》盗版太多了，谁也不知道这汤勤看到的是真迹还是摹本。说不定他看的，本来就是一幅假画。

到了清朝，《清明上河图》先由安徽相乡人、乾隆时的进士陆费墀收藏，后来被曾任湖广总督的毕沅买去。毕沅也是乾隆时的进士，镇洋（今江苏太仓）人，与其弟毕泷均为清代收藏鉴赏家。

毕沅死后不久，朝廷找了个借口，将《清明上河图》收入宫中，藏在紫禁城的迎春阁内。此后《清明上河图》度过了一段相对安稳的时期，历经1860年英法联军以及1900年八国联军的两度入侵也没有受损。

1912年，溥仪退位。这位接受过英国老师庄士敦教育的末代皇帝，一直有出国留学的梦想。为筹备出国经费，溥仪以“赏赐”其弟爱新觉罗·溥杰的名义，从1922年11月16日开始，到1923年1月28日的73天时间里，将书画手卷1285件、册页68件移出皇宫，准备变卖。这其中，就包括《清明上河图》。

后来溥仪自己也被赶出了紫禁城，住在天津租界内的张园。1932年，伪满洲国成立，溥仪带着他的还没来得及变成现金的“留学费用”一起到了长春，《清明上河图》便在伪皇宫东院图书楼中度过了一段日子。

1945 年，苏联红军打进东北，把包括《清明上河图》在内的文物作为战利品上交东北人民抗日联军。辽沈战役后，东北人民抗日联军将这几箱文物和他们在长春溥仪伪皇宫里发现的两幅同样题为《清明上河图》的古画一起，存放在东北人民银行保险库。1950 年，东北博物馆（现在的辽宁博物馆）成立，接收了这批文物。

博物馆成立后，第一件事是清理解放战争留下来的文化遗产，负责字画鉴定的是杨仁恺。在大量的古字画中，杨仁恺发现了一幅年代久远的长卷，虽已残破，但画面精美，古色古香。画上有众多历代名人的题款印章，惟独没有题目和作者签名，正是宋画的特点。题跋中，有金国“监御府书画”张著的一段话：“翰林张择端，字正道，东武人也，幼读书，游学于京师，后习绘事，本工其‘界画’，尤嗜于舟车市桥郭径，别成家数也，按向氏《评论图画记》云，《西湖争标图》、《清明上河图》，选入神品，藏者宜宝之。大定丙午清明后一日。”这段话让杨仁恺作出了一个结论——这幅画，就是张择端的真迹《清明上河图》！

《清明上河图》的发现震动全国。1953 年，故宫博物院绘画馆重新开放，北京市政府特别申请，将《清明上河图》调到北京，从此，它又返回故宫。现在辽宁博物馆藏有的《清明上河图》是仇英临本。

“文化大革命”时，《清明上河图》被李作鹏强行从故宫博物院“借”出，据为己有。林彪倒台后，《清明上河图》才又重回北京故宫博物院中。

台北故宫的清院本

《清明上河图》几乎是历史上盗版最多的一幅名画，很多出名的不出名的画家都喜欢临摹《清明上河图》。盗版中最有名的是“明四家”之一——仇英的摹本。这个摹本甚至有名到出现了盗版的盗版——苏州的画坊纷纷以“仇本”为底本来仿制《清明上河图》。明朝后期，民间市场上的盗版《清明上河图》之多，比现在的影碟和软件市场还热闹。

到了清朝，以风雅自许的乾隆也来凑热闹。他召来当时最著名的 5

位画家，陈枚、孙祜、金昆、戴洪、程志道，在乾隆元年（1736年）合作画成了另一幅《清明上河图》。这个版本被后世称为清院本。

清院本的长处不在于它对原本《清明上河图》的逼真模仿。清院本的最大特点，是在《清明上河图》的基础之上，集各家所长，再加上明清时代踏青、表演、戏剧、猴戏、特技、擂台等风俗，从而形成了自己的独特风格。当时国内的画家已经开始接受西洋画风的影响，对街道房舍等采用透视原理作画，仔细观察，还可以在房屋中发现西式建筑。

现存台北故宫博物院的《清明上河图》，就是清院本，真正的原本，存于北京故宫。最著名的摹本与真正的原本何时能聚在一起共同展出，以供广大书画爱好者欣赏对比，是许多人一直在盼望着的事情。而台北故宫博物院把清院本《清明上河图》进行全新的数字特效设计，放在一个很显著的位置，到了那里的观众可以和它进行深入地电子化交流。这一设计多次获得国际大奖。

《富春山居图》

《富春山居图》是六接纸本的水墨画。所谓六接纸本，即由六张纸接成的长卷。长卷上描绘了富春江两岸初秋的秀丽景色，笔墨清润，意境深远。

作者黄公望，字子久，号一峰，元朝时期的著名山水画家，被董其昌称为"子久画冠元四家"。黄公望名字的来历颇为有趣。他父母早逝，过继给永嘉黄氏，养父90岁才得了他这个儿子，因此慨叹道："黄公，望子，久矣。"于是得名。黄公望一生坎坷，饱尝磨难。他少年时便工书法、通音律、善诗词，中年受上司贪污案牵连，被诬入狱，出狱后改号"大痴"，年过五旬便隐居富春江畔，以董源、巨然为师，专心学习山水画。等到以画出名时，已经是年过八旬的老翁了。

《富春山居图》是黄公望为好友无用禅师所绘，历时共3年才完成，完成此画时他已经 79 岁了。千年以来，此画被人评为古今天下第一，是山水画中的《兰亭序》，赞誉不可谓不高。

这样一幅千古杰作，是怎么被一分为二的呢？原来清顺治年间，宜兴收藏家吴洪裕得到了《富春山居图》，珍爱至极。但凡画痴，总有异于常人之处。这位吴老爷子在将死之际，对《富春山居图》念念不忘，于是家人取出画展开在他面前。他看了半晌，嘴里居然吐出一个字："烧。"临终遗言，后辈不能不从，这幅传家珍宝在众目睽睽之下被丢入火中。危急时刻，吴洪裕的侄子吴静庵从人群中猛窜出来，把火中的画抓出来，又将随身携带的另一幅画投入火中，偷梁换柱，救出了《富春山居图》。

画虽被救出，长卷最前面的部分却已经被烧毁，剩下的也断为两截。前段画幅小，但比较完整，称做《剩山图》；另外一段保留了原画的主体内容，在装裱时为掩盖火烧痕迹，特意将原本位于画尾的董其昌题跋切割下来放在画首，这便是后半段《富春山居图》无用师卷。从此，《富春山居图》一分为二，开始了它们在世间不同的"人生"。

《富春山居图》无用师卷纵 33 厘米，横 636.9 厘米，一直在收藏家的手中辗转。先后经过了丹阳张范我、泰兴季寓庸、画家兼鉴赏家高士奇、松江王鸿绪之手。

乾隆十一年（1746 年），《富春山居图》被嗜爱书画的乾隆皇帝收进清宫内府，但这位一向喜爱附庸风雅并以擅长书画赏鉴自居的皇帝，居然认为《无用师卷》是赝品，并且在他的书画目录大全《石渠宝笈》中将其定为次等，在书画史上留下了一个不小的笑话。

原来在收到《富春山居图》无用师卷的头一年，即 1745 年，乾隆已经收到了一幅《富春山居图》。其实这幅《富春山居图》并非真品，而是著名的仿作——《富春山居图》子明卷。子明卷是明末某文人的临摹之作，后有奸商为利益驱使，将原作者题款去掉，伪造了黄公望题款和邹之麟等人的题跋，乾隆帝就这样上了当。事实上子明卷仿制的漏洞并不难发现。元代书画上作者题款都是在绘画内容之后，而子明卷却将作者题款放在了画面上方的空白处，这明显不符合元代书画的特点。但以乾隆帝

富春山居图（局部）

的书画鉴赏水平，显然并不足以看出这些漏洞。他把此画珍藏在身边，不时取出来欣赏，大加叹赏，还在长卷的留白处赋诗题词，加盖玉玺。没想到，第二年，乾隆十一年的冬天，真正的《富春山居图》无用师卷来到了宫中。

乾隆也算是书画鉴赏家，一眼就看出这是真正的《富春山居图》无用师卷。然而错误已犯，怎么办？他先把真画买下来，然后向大臣们宣布这就是赝品，他之所以买下赝品，是因为这虽不是真迹，但画得还不错。其实谁都知道这不是赝品，是真画。然而皇帝的面子不能不给，谁也不敢点破真相。直到1816年胡敬等奉嘉庆帝编纂《石渠宝笈》三编，《富春山居图》无用师卷始得正名，被编入，洗去沉冤。

1933年，故宫重要文物南迁，万余箱的珍贵文物分5批先运抵上海，后又运至南京，这其中就包括真伪两卷《富春山居图》。再后来它们又一同登上去往基隆港的轮船，现被存放于台北故宫博物院。

重新装裱后的《剩山图》，纵31.8厘米，横51.4厘米。相比无用师卷，它的经历平淡得多。目前只知道在康熙八年（1669年）由王廷宾购得，此后很长一段时间里音讯全无，等市面上再有《剩山图》的消息，已经是抗日战争时期了。

抗战时期，浙江博物馆的沙孟海某天突然得知，著名画家吴湖帆用古铜器商彝与人换得《剩山图》残卷，欣喜之余，还给自己取了别号“大痴富春山图一角人家”。

沙孟海认为国宝流落民间，总会受保存条件所限，容易毁坏，如果能由国家收藏，对宝于国，都大有好处。于是沙孟海多次前去上海与吴湖帆商量，希望他能以国宝为重，将《剩山图》交由国家保存。吴湖帆本是画痴，好不容易得了名画，自然不肯转。但沙孟海一直不放弃，坚持做吴湖帆的思想工作，又请出钱镜塘、谢稚柳等名家做说客。吴湖帆最终被他感动，将画让出。1956年，《剩山图》来到了浙江博物馆，成为浙江博物馆“镇馆之宝”。

台北的无用师卷、浙江的《剩山图》，《富春山居图》何时能合二为一呢，我们盼望着。

礼乐重器

提到鼎，我们最先想到的肯定是它的象征意义——政权和社稷。其实鼎本来的作用相当于现在的锅，就是一件炊器，祭祀或典礼时用来盛煮鱼猪牛羊肉等食物。

在中国，有两口鼎堪称青铜器之最，一件是毛公鼎，藏于台北故宫；而另一件则是迄今为止发现的最大、最重的青铜器——司母戊大方鼎，现保存在北京国家历史博物馆。当初文物迁台时，国民党政府本来也有意将其运往台湾，但因为体积太大，还没来得及启运，南京就解放了。如今，这两件青铜器之最，因不同的机缘际遇而各自镇守一方，被来自世界各地的不同观赏者欣赏着。

毛公鼎

毛公鼎，制成于西周晚期周宣王时代，大臣毛公因为感激周王恩德而做，所以称为毛公鼎。全鼎通高近 54 厘米，重 34.5 公斤，浑厚凝重、古雅朴素。

研究青铜器的有一种说法，器物上的文字越多越值钱。而毛公鼎最大的特色是鼎内所铭文，共 32 行 499 字，乃现存最长的铭文。全文共五段，内容为：1. 现在局势不好，周王要锐意进取，改革创新，以中兴周室；2. 毛公受周宣王重托治理国家；3. 未经毛公同意的命令，大臣可以不用执行；4. 毛公要忠心辅佐周王，以免遭丧国之祸；5. 周王赏赐毛公大量物品，毛公感激涕零，特铸鼎记其事。铭文书法是成熟的西周金文风格，浑厚而不失飘逸，整体结构与台北故宫博物院另一珍贵的青铜器散氏盘相较，显得更为端正一些。其文字也非常精妙，是西周散文的代表作，郭沫若先生称它“抵得上一篇《尚书》”。

道光二十二年（1850 年），毛公鼎在陕西岐山出土，陕西古董商苏

毛公鼎

亿年将其运到北京，卖给了著名金石学家陈介祺。陈介祺是被《清史稿》赞誉为“所藏钟彝金石为近代之冠”的大收藏家，他收藏最多的金石器物是三代和秦汉的古玺，数量将近一万方。当然，收藏中最珍贵的，就是毛公鼎。

陈家藏有毛公鼎的消息传到了两江总督端方耳中，端方依仗权势强行将鼎买走。奇怪的是，毛公鼎到端家不久，端方就在四川被保路运动中的新军刺死。后来端方女儿出嫁，端府打算以毛公鼎作为陪嫁。但毛公鼎名声太响，婆家河南项城袁氏没有接受。后来端氏后裔因为缺钱，把鼎抵押给了天津的华俄道胜银行。

1919 年，有美国商人欲出资 5 万美元买走毛公鼎，收藏家叶恭绰自己出资买下毛公鼎，将这件国之象征留在国内。

叶恭绰是广东番禺人，出身于京师大学堂仕学馆，后留学日本，曾任北洋政府交通总长，建国后，历任北京中国画院院长、中央文史馆副馆长等职。抗日战争期间，上海沦陷，叶恭绰避走香港，将毛公鼎留在了上海。此事被日本宪兵获悉，四处追查。叶恭绰给他的侄儿、西南联大教授叶公超打电报，要他不惜一切代价赶往上海，保住毛公鼎。

为护国宝，叶公超立即从云南启程赶往上海。刚到上海，日本宪兵便逮捕了他，一定要他交出毛公鼎。叶家人灵机一动，仿制了一尊古铜器赝品交给日本人，叶公超才得以获释。1941 年夏，叶公超终于躲过日本宪兵监视，把毛公鼎完好地带到香港交给叔父。没想到 12 月香港陷落，叶恭绰再回到上海时，因经济拮据，无法可施，只得将毛公鼎以300两黄金的代价转让给上海商人陈咏仁。但交易时定有一个密约：抗战胜利后，买方必须将毛公鼎捐献给国家。陈咏仁本是上海著名的奸商，他愿意买下毛公鼎并同意以后捐给国家，其实是为了给自己留一条后路。抗战胜利后的1946年，陈咏仁如约将宝鼎捐献给当时的南京政府，归原中央博物院筹备处收藏，解放前夕，毛公鼎被带去台湾，现存台北故宫博物院。

司母戊大方鼎

司母戊大方鼎是目前世界上发现的最大的青铜器，成于商代后期（约公元前16世纪至公元前11世纪），是商王武丁的儿子为祭祀母亲而铸造的，内壁铸有铭文“司母戊”三字，故名“司母戊”鼎。鼎重832.84公斤，是商代青铜文化顶峰时期的代表作。

司母戊鼎于1939年在河南安阳武官村一位叫吴培文的农田中被发现，发现者为吴培文家的佣工吴希增。当时的安阳，因为甲骨文的发现，掀起了一股探寻文物的热潮。按当地规定，探宝不分地界，只要探出宝来，宝物所在地的主人要分得宝物售款的一半。吴培文组织40多人，将司母戊鼎从地下挖了出来，这件宝物马上引来了驻安阳飞机场的日军警备队长黑田荣次。

荷枪实弹的日本兵开进了武官村四处搜寻，但无功而返。据称日本兵连搜了两次，但刚进村庄，便有一阵大风刮起，连树都拦腰吹断，日本人什么也没找到。村民都说是宝鼎显灵。

此时北平古董商萧寅卿也来到武官村。萧寅卿在古玩界多年，一眼就看出司母戊鼎价值连城，当即出价20万银元将鼎买下，但要求吴培文他们将鼎肢解成几块，以方便运送。吴培文同意了。他们先用钢锯，但只在鼎的表面拉出一道浅痕，后来换用铁锤，却只砸掉了一只鼎耳。吴培文不敢再动这件宝物，害怕遭到报应，而这个失落的鼎耳至今也没找到。

为应付日本人，吴培文从古玩商那里，用20块大洋买了一只二尺多高、三条腿的铜器赝品藏到自家的炕洞里。日军第三次搜查吴家时，扒开了吴培文家的炕洞，那只赝品被日军搜出当作真品带走，真正的大鼎终于保存下来。

司母戊大方鼎

抗战胜利后，吴家将埋藏在东屋地下 8 年之久的大鼎挖了出来。驻扎在新乡县的国民党第 31 集团军司令王仲廉带护卫队来到安阳将大鼎用火车专箱武装押运到南京，安置在南京“中央博物院筹备处”。后中博筹备处与故宫博物院联合举办抗战胜利后的第一次大型展览，其中就有司母戊大方鼎。蒋介石前来参观展览，在此鼎前停留的时间最久。但后来国民党撤退至台湾时，因时间紧急，运输不便，带走了毛公鼎，留下了司母戊大方鼎。

该大鼎于 1959 年被运至北京，先置于中国革命历史博物馆内，后到了北京国家历史博物馆。经时任中国科学院院长的郭沫若亲临现场考证，确认大鼎上的铭文为“司母戊”三字，从此大鼎有了自己的正式名字。其外形也被博物馆定为馆徽标志，成为镇馆之宝。

2005 年 9 月 19 日，为迎接联合国教科文组织专家对殷墟申报世界文化遗产的最后一次考察评估，经国家文物局批准，阔别家乡多年的司母戊大方鼎回到安阳殷墟老家，参加为期 3 个月的申遗展览。只是不知道，毛公鼎何时也能回家“省亲”。

瓷器精品

珐琅彩瓷

珐琅彩瓷是中国陶瓷艺术的巅峰之作，也是东方和西方文化碰撞出来的皇家艺术瑰宝。它是唯一一种在紫禁城里制作完成的瓷器。在 20 世纪之初，民间曾经有很多关于珐琅彩的传说，但一般的老百姓却从未得见。

画珐琅的技术发源于15世纪欧洲的比利时、法国、荷兰3国交界处的佛兰德斯，后来又在法国的利摩日发扬光大。利摩日在法国以生产陶瓷而闻名，在欧洲，它的地位就相当于中国的景德镇，那里还设有一个国立陶瓷博物馆。利摩日瓷器历史悠久，可以追溯到18世纪，自1771年在当地挖出优质的高岭土，利摩日的陶瓷业就蓬勃发展起来，这一切多半归功于这种举世无双的高岭土，这种质纯且色白的黏土是制作瓷器的上等原料。利摩日瓷器的制作过程相当复杂，需经过1400度高温的炼烧，成品多呈半透明状，外观细腻温润，精致柔美，而质地相当坚硬，甚至连钢都划不坏。每年都有来自世界各地的王公贵族特使前来订货，整个欧洲80%的皇家瓷器都印着“利摩日出品”的堂皇字号。

法国人学习烧造景德镇瓷器应归功于一位汉名为殷弘绪的法国传教士。他在清康熙年间来到中国，并在景德镇居住了7年。他把景德镇瓷器的制造方法，系统而完整地介绍到了欧洲。这里的工匠总能敏锐地嗅

利摩日珐琅瓷

到新时代的新需求，17 世纪，他们发明了美仑美奂的瓷钟，中国故宫博物院里还保存着清朝康熙、雍正两代皇帝收藏的利摩日瓷钟；19 世纪法国曾掀起东方文化热，利摩日又从中国福建学来瓷观音的制作方法，所制的“洋观音”不但畅销法国，甚至返销到香港和澳门。我们在拍摄纪录片《台北故宫》时，专门去法国利摩日进行拍摄，那里画珐琅的工艺依然很昌盛。

而珐琅彩瓷的创始人是康熙皇帝，这位了不起的皇帝对西方的数学、地理、医药、天文都有着浓厚的兴趣。康熙二十六年的 8 月，法国传教士汤若望觐见康熙皇帝，礼物是来自利摩日的画珐琅及珐琅物品。康熙皇帝非常喜爱欧洲珐琅所表现出来的绚丽华美的装饰风格。

不知道哪一天，康熙皇帝灵机一动，想把这来自欧洲的美妙技术用在瓷器上。于是乎，在公元 17 世纪的下半叶，紫禁城养心殿西侧房成了指定的珐琅彩瓷烧造地点。若干年之后，一个全新的艺术，一种全新的陶瓷作品——珐琅彩瓷诞生了。他是把来自于欧洲的画珐琅的技术应用在瓷器上，颜色鲜艳美丽。康熙时期的珐琅彩瓷大部分是以花卉图案为主，例如荷花、牡丹、梅花等，而且底色以黄色为主。据说，康熙皇帝还曾

珐琅彩蓝料山水把壶

经在一个珐琅彩瓷的鼻烟壶上用了日本的漆器艺术，堪称一绝。有一个宜兴胎珐琅彩花式茶壶也是康熙时期的精品，这样的紫砂胎珐琅彩，本是初创时期为保证颜料完整附着，不得已而为之的，却意外创造了独一无二的紫砂胎珐琅彩工艺。

康熙的儿子雍正跟他父亲一样，依然喜好珐琅彩瓷，在他当皇帝的第一年，在紫禁城里做珐琅彩的一个来自法国的首席艺术家由于健康问题离开，直接造成了雍正初年在制作珐琅彩瓷上的水平较差，甚至有烧造失败的经历。于是他派了自己最亲信的弟弟（十三爷）来直接掌管这个事情,可见他对此事的重视。雍正时期的珐琅彩瓷开始有了更多的变化，可以不再使用进口的颜料，可以国产，瓷器上的图案也开始有了山水和书法诗词。雍正时期的珐琅彩瓷也出现了很多西方式的花样图案，集诗、书、画、印为一体。国产的颜色多达 36 种之多，据说著名的意大利画家郎世宁也曾给雍正画过珐琅彩瓷。

雍正皇帝似乎对烧制珐琅彩瓷很热心，我们在今天的清宫档案中还可以看到很多关于此事的批示。比如说他曾批示到：“尔等近来烧造珐琅器皿，花样粗俗，材料亦不好。在烧造时，务要精心细致。”

雍正之后的乾隆同样喜欢珐琅彩瓷，但比起祖父和父亲他更喜欢精细和繁复的工艺，其变化越来越多，中西合璧式的装饰方法也很多，还使用了很多西方绘画中的绘画方法，加入了透视和光影的元素，甚至在瓷器上还有很多西方的人物及肖像。

台北故宫所馆藏的珐琅彩瓷在全世界也是首屈一指的。我在法国的集美博物馆也看到了一些从紫禁城里流散出来的珐琅彩瓷，十分的惊艳美丽。

让我们来看看目前北京和台北都各有哪些精美的珐琅瓷器。

【北京】清 康熙 珐琅彩黄地牡丹纹碗

【台北】清 康熙 珐琅彩黄地牡丹碗

【北京】清 雍正 珐琅彩黄地兰石纹碗

【台北】清 雍正 珐琅彩黄地芝兰寿石碗

清 雍正 珐琅彩虎丘山水图碗

【北京】清 雍正 珐琅彩白梅花红地碗残破

【台北】清 雍正 珐琅彩白梅花红地碗完好

以上珐琅瓷，颜色形制几乎一样，花纹的布局略有不同，台北和北京的名称也有些差别。

宣德瓷器精品

台北故宫博物馆有一些瓷器精品，在世界上几乎可以说是独一无二的，我们的片子里的解说词是这样写的：

明 宣德 宝石红僧帽壶

它曾经是雍正书房中

最珍贵的艺术品

它可能是世界上最完美的

一件宝石红釉瓷器

直到清代

宣德时期的颜色釉
还是装点宫廷内院的皇家珍藏
这幅《胤禛妃行乐图》
是雍正时期的画作
画中雍正妃身旁柜阁中
就放置着宣德宝石红僧帽壶
它是当时颜色釉的高峰作品
因壶口形似僧帽而得名
这种器形在元代就开始出现
在景德镇出土
并经修复后的瓷器里
我们也找到了
与它几乎一样的器形

明 宣德 霁青霁红莲瓣卤壶
霁青霁红莲瓣卤壶
保留了宣德朝的醇美色泽
并且不像之前的瓷器
色釉遍部全身
而是在莲瓣尖留白
霁青明艳有如宝石蓝一般
霁红又出脱得分外耀眼
这种自然天成的神韵
倾倒的不仅仅是普通的爱瓷人
这幅画上就记录了乾隆皇帝（该图为《弘历观画图》）
与古物独处的一段时光
画中最醒目的位置
就安放着这对小壶

乾隆不会想到自己在深宫后苑

赏玩古物的惬意

今天会在台北

与最普通的观众分享

明 宣德 青花莲瓣平纹漏斗

青花莲瓣平纹漏斗

近距离地观赏后能发现

它的制作非常精致

莲瓣边清晰自然

中间还有六个过滤小孔

这种款式的青花瓷器

相传是当时的阿拉伯地区

常用的医疗器具

除了台北故宫

今天已经几乎不能再找到

类似的器形

明 宣德 青花花卉灯

这样的青花花卉灯

全世界几乎没有同样的器形

目前只有台北故宫博物院收藏

油灯上的青花是釉大彩

在十六十七世纪时

这种彩饰曾经风靡全世界

西方贵族之家

因为摆设了这样的几件瓷器

能够炫耀自己的尊贵地位

婴儿枕

宋朝时期，小瓷枕广为流行，有长方形枕、虎形枕、如意云状的如意枕。婴儿枕为其中造型较为繁复者，现世上仅存3个，均制作于北宋年间，一个存于北京故宫，另外两个存于台北故宫。

古籍善本

台北故宫博物院珍藏古代典籍近20万册，其中最有名的是《四库全书》。

《四库全书》

《四库全书》修好后，乾隆下令再照原样抄写6部，这样《四库全书》总共有7部。7部书分7处存放：北京故宫文渊阁，北京圆明园文源阁、承德避暑山庄文津阁、沈阳故宫文溯阁，浙江镇江文宗阁，

文渊阁《四库全书》

浙江扬州文汇阁、浙江杭州文澜阁。所有藏书阁都按照宁波天一阁的样式建造。

文宗阁、文汇阁的《四库全书》相继毁于太平天国的战火，文源阁《四库全书》也在英法联军点燃的烈火下付之一炬，承德文津阁《四库全书》现存国家图书馆，沈阳文溯阁《四库全书》现存甘肃图书馆，杭州文澜阁《四库全书》现存浙江图书馆，北京故宫文渊阁《四库全书》现存台北故宫博物院。

2005年10月15日，曾任蒋介石第一机要秘书的前台北故宫博物院院长秦孝仪，在参观湖南省博物馆时表示，台北故宫博物院的文物原本就是从北京故宫博物院运往台湾的，中国统一后台北故宫博物院应该物归原主，归还至北京故宫博物院。

“一宫国宝分飞两岸”的状况，终有结束的那一天。

《四库全书》存放处

台北故宫的精品

那么在台北故宫这么多精品中，最受欢迎的是哪些呢？学者和民众给出了不同的答案。

学者评出的十大国宝分别是：散氏盘、汝窑天青无纹椭圆水仙盆、镀金镶珊瑚松石坛城、藏文大藏经、《帝监国说》、《快雪时晴帖》、《国子监刊本〈尔雅〉》、《万壑松风图》、《早春图》、《谿山行旅图》。

而民众评出的十大国宝是：翠玉白菜、龙形佩、大雁玉带饰、《清明上河图》、掐丝珐琅天鸡尊、《快雪时晴帖》、清高宗夏朝冠、乾隆香山九老、多宝格、汉六朝玉角形杯。

这两个十大中，只有《快雪时晴贴》是一样的，得到了学者和民众的一致喜爱。

藏文大藏经

2008年1月25日，台北故宫博物院首次展出了一件独特的文物——康熙藏文大藏经。前去观赏的人们发现，如果想要靠这件文物再近一点，工作人员就会递上口罩，生怕观赏者呼出的气息对经书造成毁损。

这套珍贵的经书成于清康熙六十年至乾隆十八年（1753年），由甘肃临潭县卓尼寺雕造，又称卓尼版藏文大藏经。藏文佛经的装帧形式不同于汉族人习惯用的佛教经本，而是以经叶、经版和经衣组成。这种经本形式源自印度，为西藏佛教沿用，称为“梵夹装”。台北故宫的卓尼版藏文大藏经也是梵夹装，经叶以特殊制造的纸张制成。这种纸张的厚度约为一般纸张的4到5倍。纸的颜色为磁青色，要染成这磁青色需经过20道工续，为防虫，染料中还要添加羊脑，接着再用石头研光，消除纸张的毛细孔，最后再涂上一层黑漆。

经叶正反两面均以金泥正楷书写，一叶写完，上头再加上一层薄蜡保护。全书一笔一划都是手工，一个工作天只能完成两叶。整本经书厚达5万多张，10万多页面，耗费黄金5000两，耗时75年撰写完成。完成的经叶装入函中，每函300～500叶不等，经叶依次序叠放后，边缘即呈现金泥彩绘的法螺、法轮、宝伞、白盖、莲花、宝瓶、金鱼、吉祥结等8种图案。

藏文大藏经的价值非同小可，在拍卖市场，一张经叶就是1万美金，5万张，就是上亿美金。而这还只是纸张的身价，外面的包装同样价格不菲，珍珠、珊瑚、绿松石，点缀用的各色珠宝总计14364颗。

如果说实体的藏文大藏经还可以估价的话，那么它所蕴含的文化价值就完全不可估量了。

藏文大藏经是藏传佛教的大型文化典籍，共收佛教经籍4569种。除佛教经、律、论外，尚有文法、诗歌、美术、逻辑、天文、历算、医药、工艺等。其中不仅包括汉文大藏经中所没有的属于密教的经轨及论藏等，还包括从印度翻译过来，现在已在印度本土消失很久的部分经典著作，是非常珍贵的文物和文化成果。

追溯已有千年历史的藏传佛教，其源头与历史上鼎鼎大名的松赞干布密不可分。佛教自7世纪初由汉族地区、印度和尼泊尔分别传入西藏地区。松赞干布执政时，为更好地理解和弘扬佛法，专门派遣端美桑布扎等人到印度学习梵语，以便学成归来后，可以创造西藏自己的文字，用以翻译佛教经典。8世纪时，在赤松德赞的大力扶持下，佛教得到很大的发展，兴建了桑耶寺，创办译场，分别从汉、梵文中译出佛教典籍4000多部，并编写目录，藏文大藏经的内容基本形成。全藏分为甘珠尔、丹珠尔和松绷三大类。甘珠尔又名佛部，也称正藏，收入律、经和密咒三个部分，相当于汉文大藏经中的经和律；丹珠尔又名祖部，也称续藏，收入赞颂、经释和咒释三个部分；松绷即杂藏，收入藏、蒙佛教徒的有关著述。

13世纪以前，藏文大藏经以抄写本形式流传。在敦煌莫高窟，曾发现了大量唐代藏文写经，我本人也曾有幸在敦煌和大英图书馆见过这些极其精美、令人难忘的手写大藏经。在现在中国的藏地民间，也仍然收藏着很多 12 世纪左右的手抄本经文。从 14 世纪开始刻出了藏文第一部木刻本大藏经，藏文大藏经在中国有了多个刻印版本：明朝时的永乐版、万历版、塔尔寺版、昌都版等，清朝时的北京版、卓尼版、德格版、奈塘新版等。许多版本今已不存，卓尼版数万片梨木经板与 108 函印本俱全。其中台北故宫博物院存 32 函，经板与剩余的 76 函藏于北京故宫。

多宝格

多宝格又被称为“百宝格”，是古时专为陈设珍玩器物的一种木制家具。其独特之处在于一个“巧”字，格内做出横竖不等、高低不齐、错落参差的一个个空间，人们可以根据每格的面积大小和高度，摆放大小不同的陈设珍玩。明朝时期，宫殿里并没有多宝格的身影。它是进入清代才兴起并流行起来的。多宝格是清代皇帝日常休闲时的最爱之一，常被称为“皇帝的玩具箱”。

这件竹丝缠枝番莲多宝格圆盒高 24.5 厘米，直径 18.5 厘米，外壁用竹丝拼接后再黏饰缠枝番莲纹竹黄片，并且利用机轴原理，将圆筒形盒分成四个扇形，180 度打开来可成为一字形小屏风，360 度翻转后可成为一个正方形筒状。每个扇形内又分成许多格层，其中圆柱形格层不但

碧玉雕花多宝格

再分成数格，而且可以360度旋转。全器匠心独运，极尽设计之能事。

目前这件圆盒格层内共收贮了27件小文玩，除了有古代与清代玉器外，还有清代乾隆朝内廷画家的绘画作品，分手卷与册页，收藏在多宝格每一个扇形最下层的三角形抽屉内。手卷目前仅余3件，分别是“方琮画山水”、“杨大章画花卉”与“李秉德画花卉”，纵长都只在7厘米左右。另外还有一件金廷标画的人物小册页，收纳在其中一个扇形中央的三角形抽屉中，它的长与宽仅3厘米左右。这几件绘画作品几乎可说是台北故宫博物院所藏最袖珍的手卷与册页，弥足珍贵。

从大陆转运到台湾的故宫文物中珍品太多，1965年台北故宫博物院（中山博物院）正式成立并清点文物时，人们的关注重点主要在字画、档案、铜器、玉器和瓷器等，多宝格这类的摆设与其余两万多件不好分类的文物一起被划入“杂项”类，当年负责“杂项”类文物管理的嵇若昕还被戏称为“杂项小姐”。直到上世纪90年代，多宝格等器物以其精巧的设计越来越受到人们的重视，博物院将“杂项”改名为“珍玩”，嵇若昕于是由“杂项小姐”变成了“珍玩小姐”。

整个台北故宫博物院收藏的各类文物数量庞大，唯独多宝格只有三四十件，这与当年国民党离开大陆时的仓皇紧急有关。因为时间紧迫，当时挑选文物的标准除其价值珍贵外，主要以轻巧便于携带为主。故宫的许多多宝格以紫檀木制成，体积庞大，不易搬动，因此都留下了，只带走了类似竹丝缠枝番莲多宝格圆盒这样的小件。现在北京故宫的库房里，还摆放着许多精美的多宝格，但打开它们就会发现里面空空如也，曾经收藏于其中的珍玩，早就离开了紫禁城老家，如今居住在台北故宫博物院已有半个世纪之久了。

汝窑

北宋汝窑瓷器，被誉为是中国最完美的青瓷。汝窑瓷器以其温润的天青釉色闻名于世。因烧制时间短，传世品极少，历代视为稀世珍宝。

青瓷水仙盆　　青瓷奉华碟　　青瓷花式温碗

目前全世界仅存不足70件汝窑瓷器，台北故宫博物院藏有21件的典藏，北京故宫博物院也藏有二十几件。两个故宫博物院的收藏都堪称世界之冠。

宋代，是瓷器大发展时期。此时中国陶瓷工艺达到了炉火纯青的成熟阶段，艺术上取得了空前绝后的成就。这个时期，以汝、钧、官、哥、定等“五大名窑”为代表的众多制瓷流派推动陶瓷业出现了一个前所未有的繁盛局面。汝窑被推为“五大名窑”之首，因为它把青瓷烧造水平推向了极致，有“青瓷之首，汝窑为魁”之称。意思是说，就像现在明星中的超级明星。

台北故宫博物院收藏有一幅《文会图》，这幅画描绘了宋代宫廷里的一次茶会，那天宋徽宗向受邀前来的文人展示了各式各样的陶瓷器。宋徽宗不仅擅长笔墨书画，而且还是一位好古成癖、崇尚自然含蓄和清淡质朴的道学家。我以为他是历史上最伟大的艺术家，却是一个最无能的皇帝。北宋初期，宫廷里便收藏着各种色彩的陶瓷器，其中受宋徽宗赞赏的只有蓝色。为了追求理想的蓝色，他在汝州建造了汝官窑（窑址位于河南省宝丰县清凉寺）专门烧造皇室御用的青瓷，也就是汝瓷。根据宋代《咸淳起居注》的记载，汝瓷的釉色是一种“天青色”。大雨过后，蔚蓝的天空飘着淡淡的白云，这种颜色正是宋徽宗所寻求的理想中的色彩。汝瓷追求的是“天工与清新”的境界，它古朴、浓厚、天然朴拙、柔丽静雅，一下子倾倒了那位不会治国的风流皇帝。据传说，曾有工匠问宋徽宗，汝瓷应烧成何种颜色，徽宗不语，一指天。众人望天，恰好雨过天晴，有一种淡雅而神秘的自然之天青色。从此以后汝窑便以这种天青为追求目标。还据说，这种颜色是宋徽宗曾在梦中看到，梦醒之后命人仿造。总之，汝瓷之色的来源说不清道不明，除非你悟透了天人合一。

汝窑的烧造，充满着各种传奇的故事，其中最有名的莫过于“玛瑙入釉”的传说。南宋周辉《清波杂志》记载：“汝窑宫中禁烧，内有玛瑙末为釉。”传世汝窑瓷器在口缘和棱角之处若隐若现能看到淡粉色的光泽，或是“玛瑙入釉”的结果。我听说，古代烧制汝窑，方圆几公里会全部戒严，不许闲杂人等经过，尤其是怀有身孕和来例假的妇女。还要祭天祭地，参加烧造的人要沐浴更衣，斋戒等等。

据古陶瓷专家陈万里先生推论：“从宋徽宗崇宁五年，上溯到哲宗元祐元年，是汝瓷发展的鼎盛时期。当时，北宋皇室，不惜工本，命汝州造青瓷，是因定州白瓷有芒，统治者认为不堪用，遂命汝州造青瓷。”汝瓷自此选为皇室御用珍品，亦称汝官瓷。汝瓷出窑后只选精良特优产品护送宫廷，其余则在钦差监视下全部砸毁，不许民间留存一件。台北故宫博物院馆藏的 21 件汝窑瓷器里，有 3 件很特别。有一件水仙盆是现存的唯一一件釉色匀润、通体无纹的极品。专业评论是这样写的：“此盆高 6.7 厘米，深 3.5 厘米，长 23 厘米，宽 16.4 厘米，盆体简雅大方，由于重复施釉的关系，釉层略具厚度，并带有流动性。口沿处釉层较薄，隐约透出胎土色泽；而四个云头足的转折部分，又有釉层堆积，柔腻如脂。釉层的厚薄，造成全器釉色与质感的细腻变化，益发显得素雅端庄，充分展现北宋制瓷工艺对于如玉釉质的无上追求，为传世仅有。”

还有一件是汝窑纸槌瓶，汝窑纸槌瓶原型的来源可追溯到 9 至 10 世纪的伊朗及埃及的玻璃工艺，为流行于 9 到 12 世纪间的玻璃作品，它们用来装酒、油或蔷薇水。而为陶工加以仿制的汝窑纸槌瓶，可作为摆设或赏玩之器。此器底部除了乾隆的御制诗，还题刻了“奉华”二字。关于“奉华”铭的含义，“奉华”是南宋高宗宠妃刘夫人的私人印记。奉华堂乃刘贵妃所居之室，“高宗所得珍秘悉令掌之。用此印钤识，然非极品不轻用也”。据说宋高宗所得的值钱好玩的宝贝，都由这个妃子保管，不是天下的极品，不会轻易刻上“奉华”的字款。还有一件“北宋汝窑青瓷奉华碟”也刻有“奉华”的铭文，还刻着乾隆皇帝的诗。2007年，我在台北故宫博物院的“宋代大观展”中，见到过这3件瓷器。参观的人很多，总是排着很长的队。

不知什么原因，汝窑只有20年的辉煌便失传于残酷的历史中。关于它的消失有很多说法，有些神秘，也有很多争论。清代康熙、乾隆年间，中国瓷器烧造又进入鼎盛时期，“官、哥、定、钧”四大名窑重放光彩，而汝瓷却如梦般沉睡不醒。

“对于汝瓷的仿制，早在明代宣德年间就已经开始了，但到清代的康熙、雍正、乾隆年间都没有达到宋代的水平，以至乾隆皇帝也发出了‘仿汝不似汝’的感叹。这种工艺失传了的瓷器，现在又要如何仿制呢？

蔡晓芳：‘这三件是汝窑的，当时（台北）故宫请我仿制，所以我们有把它的尺寸什么都记录起来。’

今年71岁的蔡晓芳是台湾晓芳窑的创办人。借助对釉药材料和技术的常年研究，造就了他高超的制瓷技艺，也奠定了他在陶艺界的代表性地位。从1983年开始到2000年期间，蔡晓芳受台北故宫博物院邀请共同研制各种汝瓷的复制品。

蔡晓芳：‘他们只是知道我可以做，拿一个破片我都可以做出来。假如你看我试验的片子做那么多，就知道我是花了很多时间，又我家里传统是学美术，所以对颜色敏感。’

今天，当我们走进蔡晓芳位于台北市北投区的工作室，仿佛是进入了古瓷器博物馆。映入眼帘的是一整片天青云破之色，让人颇有时空错置之感——那些原本深锁在台北故宫博物院的汝窑水仙盆、纸槌瓶、青瓷莲瓣碗，如今竟安放在晓芳窑自设的展柜里。

历史上关于汝窑的烧造，充满着各种传奇故事。其中，最有名的属‘在釉料中使用玛瑙’的传说。据说釉药中的微小气泡都是由玛瑙分解而成，而温润的色调则是通过这种气泡形成的。对釉料配置有着独特见解的蔡晓芳，似乎触摸到了千百年前汝窑烧造的奥妙。

蔡晓芳：‘这个是天然的玛瑙石，用来磨釉是很好的，因为它质密。像我们早期做都会掺进一点玛瑙，因为磨它会损耗，就掉到釉里面。’

根据统计，晓芳窑产品的种类已超过1万种以上，但每个种类的产量都非常有限。对作品品质的这种执著，蔡晓芳与800多年前的宋徽宗有着颇多相似。”这是我们纪录片《台北故宫》里，对当代台湾仿制汝窑的一段描述。

有一种说法：天下博物馆若无汝瓷难称尽善尽美，收藏家若无汝瓷难称名副其实。现今的文物收藏者出资千元若能购买一块古汝瓷残片，便会欣喜若狂。其实，宝物最贵在人心，不在于估价的多少。汝窑最有价值的地方不是它的经济账。千百年来，有多少人算过它带给中国人的美感和某种境界喻含的价值，这是真正无法估量的。

散氏盘

散氏盘，西周晚期青铜器，盘高20.6厘米，腹深9.8厘米，口径54.6厘米，底径41.4厘米，高圈足，左右两耳，满器施饰，庄重华丽。盘内底上刻铭文19行，每行19字，现能辨认清楚的共357字。其书法浑朴雄伟，字体用笔豪放质朴，敦厚圆润，有金文之凝重，也有草书之流畅，开“草篆”之端，风格非常突出。

青铜器铭文早于甲骨文，在商朝中期即已出现。西周之后，在铜器上铸刻铭文的风气大大风行，举凡祭祀、战争、赏赐等大事，甚至是打

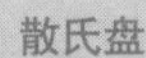
散氏盘

官司之后签订的契约，都被纪录在青铜器上。散氏盘的由来便是因为一件有趣的官司。

据铭文记载，关中畿内有夨散二国，其边界相连。夨人多次侵犯散国，掠夺散人的土地和财物。散人为此向周王告状，在周王的调解下夨人同意付土地给散国以为赔偿，发誓将田交付散人后，永不毁约，否则就照田价付罚金，并由散国通知其他各国与夨国断绝交往。夨人付与散氏的土地共有两块，一块是眉地之田，一块是井邑之田，由两国共同派官吏勘定这两块赔田的区域、疆界后再举行交接，交接证人是周王派来的史正（官名）仲农。鉴于夨人平素的所作所为，土地交接后，散人仍不放心，怕夨人毁约，于是就把夨人的誓约及这场官司的全过程包括双方参加定界、盟誓的人名（其中夨国 15 人，散国 10 人）全部铸在铜盘上作为永久的证据。就这样，一种原本用来盛水的器皿，镌铸契约铭文后，成为国与国之间的正式契约，从此具有了极高的历史价值。

乾隆年间，散氏盘在陕西省凤翔县出土，为扬州一位姓江的翰林重金购得。经著名学者阮元考证，将其定名为“散氏盘”。散氏盘极其珍贵，当时的铭文拓本价格便已十分高昂。后江翰林做了两件复制品，然后卖掉了一件散氏盘。但卖掉的到底是真盘还是假盘，一直是个谜。一说卖掉的是假盘，买主是日本人，一说是把真盘卖了个好价钱，自己只留下了假盘。从这时开始，散氏盘的真假便常引起争议。

嘉庆十五年，湖南巡抚阿林保从江南的一位盐商手中买到散氏盘，在 1810 年嘉庆皇帝五十大寿时把它作为寿礼献给皇上，换来了两江总督的职位。嘉庆皇帝不像父皇乾隆那样喜欢附庸风雅，对文物鉴赏兴趣不大，收到散氏盘后，随手把它交给清宫内务府，由内务府收藏。此后经嘉庆、道光、咸丰、同治、光绪、宣统六朝，皇室珍宝太多，谁也没有想到要去鉴赏它，只在咸丰十年时传出过谣言，说散氏盘在联军火烧圆明园时被毁掉了。

转眼到了 1925 年春季的某一天，马衡与同事们在故宫的库房里清点清宫留存下来的文物并进行登记造册时，在屋角一个破旧的木箱中发现了散氏盘。但传说中散氏盘已经被八国联军毁于圆明园，因此此盘是真是假，谁也不敢肯定。

为查清事实，马衡询问了一些清宫老人，得到的答案是：故宫里收藏有真假两件散氏盘，真的已在圆明园大火中毁去，马衡他们发现的是当年江翰林复制的两件假盘之一。

然而经过仔细观察，马衡觉得这件散氏盘的铜质精粹，铭文笔道丰筋挺拔，实在不像复制品。后来马衡终于想出了一个鉴别真假的好办法。他在清宫档案里找到了散氏盘的原始拓片，把拓片与散氏盘上的铭文进行反复认真的比较，得出的结论让人们既惊讶又兴奋：这件西周时期的散氏盘是真的！所谓毁于圆明园大火云云，不过是以讹传讹。也或者清宫当时的确有一真一假两件散氏盘，假的那件被送到圆明园，后毁于大火之中，真的这件，一直藏于故宫库房之中，保存了下来。

1949 年，中华人民共和国成立，马衡选择留在大陆，而经他鉴定的这件散氏盘随其它珍品一起被运往了台湾，成为台北故宫里的一件青铜珍藏。

宋画三绝

台北故宫书画共 5242 件，仅宋画就 943 件。宋元山水是台北故宫的极品，这其中最为出名的就是李唐的《万壑松风图》、郭熙的《早春图》和范宽的《谿山行旅图》。在台北故宫十大文物的评选中，山水画的代表，便是这 3 幅宋画精品。

我们摄制组在台北拍摄时，采访了台湾著名的艺术批评家蒋勋，他认为，北宋初期范宽的《谿山行旅图》，北宋中期郭熙的《早春图》，北宋晚期李唐的《万壑松风图》，这 3 张宋代的名画是现在全世界研究中国美术史的重要作品，它们成为书画史的断代依据。

这 3 幅画上都署有作者的名款。宋以前，画师均不在自己的画上题款。

北宋初虽有画师开始在画上落款，但并不普遍，这3幅画开风气之先：《早春图》，作者将名款落在空白处，但字特别之小，不仔细根本看不出来；《谿山行旅图》将“范宽”两字写在草丛间，直至上个世纪才被人用放大镜发现；《万壑松风图》将款落在石柱内，常被人误以为皴笔。不知为何，作者似乎并不愿意让观者对自己的名款一目了然。虽然三画的名款在画中隐藏极深，但这仍是中国绘画史上汉字进入画面的开始，从这时开始，中国书法进入绘画领域，共同谱写出书画相得益彰、互为映衬的中国书画史。

范宽，陕西华原人，北宋前期最有声望和影响的山水画家之一，本名中立，字仲立，因为他性情宽厚，当时人们就叫他“范宽”。范宽是自荆、关、董、巨、李成之后，中国山水画发展史上的又一位大师。遗憾的是，《谿山行旅图》是其唯一传世的名迹。

《谿山行旅图》纵206.3厘米、横103.3厘米，绢本，水墨。打开画卷，磊磊大山扑面而来，徐悲鸿曾说：“而一山头，几占全幅面积三分之二，章法突兀，使人咋舌。”山上树木葱郁，山间飞瀑倾泻，庙宇、旅人

万壑松风

早春图

隐约而现，整个画面层次丰富，墨色浑厚，极富美感。画法上，范宽用雨点皴表现山石的肌理效果，用短条子或点子皴描绘山势的繁复，古人评范宽的这种绘画技法为“抢”，北宋郭若虚称之为“抢笔俱均”，明董其昌评此画为“宋画第一”。

谿山行旅图

宋元两代，大师级的画家都以范宽的绘画为典范。南宋初期的李唐，稍后的一些的马远、夏圭，元代的倪云林、王蒙，都对范宽的画风大加赞赏。几乎所有著名的画家，说到范宽山水画神异的表现力时，都一致认为“范宽之画，远望不离座外”。

郭熙，字淳夫，河南温县人，宋神宗熙宁年间，为翰林图画院艺学，后任翰林待诏直长。宋神宗很喜欢他的画，在宫里很多地方都挂上了他的画。郭熙善画山水，师承李成、董源、范宽等，但却勇于创新，自成一家，使得当时画家都纷纷以效仿他的画法为荣。

《早春图》轴纵 158.3 厘米，横 108.1 厘米，绢本，水墨。画左署款“早春，壬子郭熙笔”，作于神宗熙宁五年（1072 年），钤有“郭熙笔”长方印。

郭熙的画与范宽的画，都是以全景展现高山流水。但郭画与范画的不同之处在于，范画“雄”而郭画“秀”。《早春图》便充分体现一个“秀”字——烟霞缭绕，春水初涨，春云蔚起，涌作群山。郭熙的皴法被称为云头皴。他画春天的树，树梢部分锋回圈钩，看似充满弹性和水分，构成了蟹爪树。云头皴和蟹爪树，是郭熙山水画的标志技法。

郭熙著有一部重要的山水画论著，叫《林泉高致》，他在里面提出了著名的“三远法”理论，对后世的绘画发展有着巨大的影响，是我国画史上讨论山水画的一部重要论著。

《早春图》的构图仿佛正是他“三远法”理论的生动示范：从水边山石到远方山峰的“高远”；从前山望后山的“深远”；从近山望远山的“平远”。“三远”结合，使画面马上立体起来，对峰峦叠秀，林木葱茏，溪流淙淙的景象有了更为丰富的展示。

台北故宫博物院第四任院长石守谦挑选了《早春图》为故宫镇馆之宝：“我觉得郭熙的《早春图》是故宫最了不起的典藏品！它在世界上也很重要，对山水深刻的认识是华夏文明在世界文明上最重要的贡献，这是就学术的观点来看。若就个人观点来谈，我觉得这幅画充满了想象力。”

李唐，字曦古，中国南宋画家，河阳三城（今河南孟县）人。李唐原供奉宋徽宗的画院，精于山水画和人物画，1127 年金兵攻陷汴京，李唐颠沛流离，逃往临安（今杭州），以卖画度日。南宋恢复画院后，李唐经人举荐，进入画院，授成忠郎职务。

《万壑松风图》作于 1124 年，李唐年约 70 岁左右，已经步入高龄。尽管如此，此画中表现的山石仍然是雷霆万钧的阳刚力量。山峰高峙，松林郁葱，飞瀑在悬崖间一泻千里，大自然雄壮之气扑面而来，给人以气势磅礴的感觉。此画最大的特点是对皴法的运用，为了画出石峰的凝重感，李唐在绘画的技法上出了新招数。他发明了一种“斧劈皴”，用笔如同斧劈木片一样斩钉截铁。李唐的皴法对后世造成了极大的影响。到现代还在为人们所学习探讨。

台北故宫博物院的文物太多，除了以上所介绍的，在民众和学者心目中还有这些精品（根据台北故宫博物院相关资料引用）：

镀金镶珊瑚松石坛城

坛城是藏传佛教用以象征宇宙结构的法器。这件坛城是达赖喇嘛五世于清朝顺治九年（1652 年）送给顺治皇帝的礼物，高 14.8 厘米，直径 32.4 厘米，通体镀金，并以绿松石镶嵌，极为珍贵。

《帝监国说》

《帝监国说》张居正为当时年仅 10 岁的明神宗（万历皇帝）所编的教科书，每段故事先录一段简短的史传记载，再翻译成当时通行的白话文，于文末提醒为政之方，通俗易懂。台北故宫所藏《帝监国说》共两册，是清代内府的图绘写本，完成于咸丰十一年（1861 年）之后，色彩鲜艳，制作精美。

国子监刊本《尔雅》

此刊本由南宋最高学府——国子监刊印，保存完整。国子监自五代开始刊刻经籍，但如今五代与北宋的刊本已不多见。这部南宋时代的《尔雅》是孤本，也是研究五代刻书规模的重要物证。

龙形佩

中华民族早在周代以前就有佩玉的习俗，这组以青绿玉雕成的龙形佩产自战国时代，长 20.5 厘米，宽 7.8 厘米，厚 0.75 厘米。像这样尺寸如此之大而又保存完好的佩玉实属罕见。

大雁玉带饰

长 11 厘米，宽 6.4 厘米，正面以多层次镂空技法，呈现大雁穿梭于河塘苇丛间的景况，塑造出线条层叠的丰富空间。

掐丝珐琅天鸡尊

为 18 世纪后期文物，铜胎，仿古铜器天鸡尊形制，高 25.8 厘米，宽 9.0

厘米，最长处 21.0 厘米，重约 3535 克。器形庄重，釉色鲜明丽，是上好的陈设器。

清高宗夏朝冠

这是乾隆皇帝的夏朝冠，又称为凉帽。冠高 14 厘米，直径 28 厘米，冠顶高 12.4 厘米。帽体以一种出产于东北的“玉草”编织而成，凉爽舒适。夏朝冠帽顶需系上“冠顶”、正面饰上“金佛”、并于背面缀上“舍林”，现以故宫院藏的冠顶、金佛、舍林等配饰搭配，大致还原为当年的样貌。

乾隆香山九老

木雕，广东宫廷匠人杨维占所作，高 18 厘米，宽 9 厘米。这件比一本书还小的沉香木上雕刻出 9 位老人在危岩壁洞边的活动，形象传神，岩壁间还刻有乾隆皇帝的诗句和印章。

汉六朝玉角形杯

玉杯的质地为青白色的闪玉，杂有褐色斑。杯身似兽角，而横断面则呈圆角的长方形。纹饰的处理虚实相间，布局四方呼应，具有律动感，且十分平衡和谐。

附　录

故宫文物流迁表（部分）

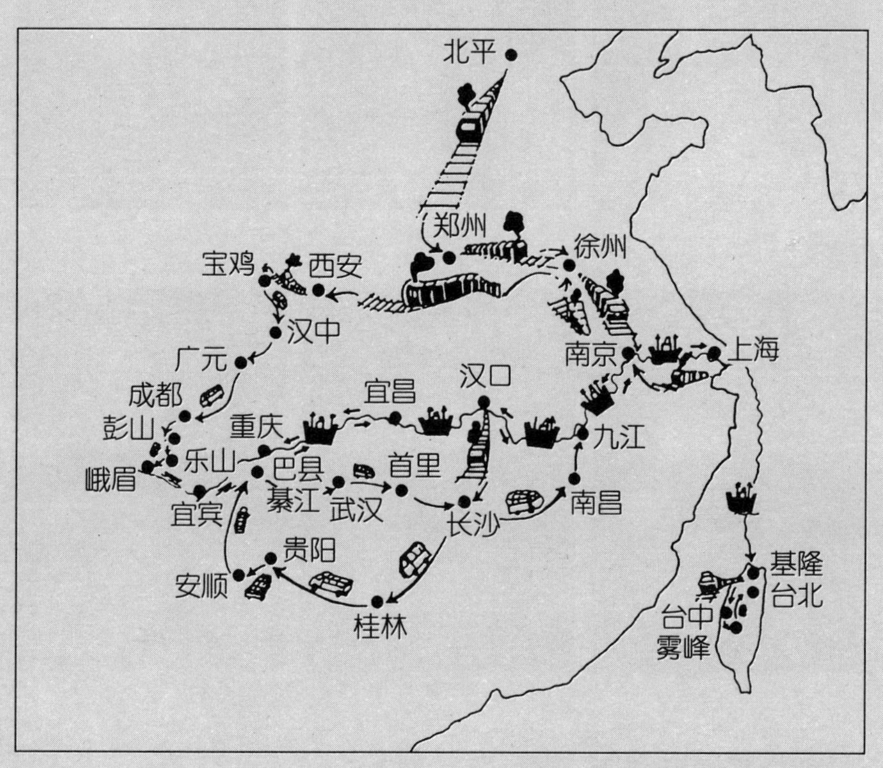

故宫早期理事会成员

理事兼秘书长李玄伯

理事兼总务处长俞星枢

理事兼古物馆副馆长马叔平

理事兼文献馆副馆长沈兼士

理事胡展堂

理事冯焕章

理事吴稚晖

理事宋子文

理事庄思缄

理事张汉卿

理事张溥泉

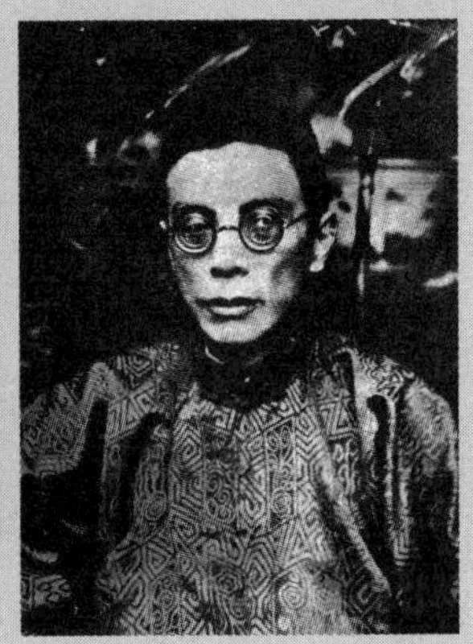
理事张静江

理事张玉衡

理事江叔澥

理事谭组庵

理事熊秉三

理事王亮畴

理事蒋介石

理事胡若愚

理事蔡孑民

理事薛子良

理事汪精卫

理事赵次陇

理事长兼院长易寅邨

理事长李石曾

理事马云亭

理事阎百川

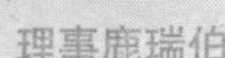

理事鹿瑞伯

理事黄膺白

恩克巴图

台北故宫博物院历任馆长名录

蒋复璁（1900.11.12—1990.9.21）

在任18年（1965—1983）

秦孝仪（1921.2.11—2007.1.5）

在任18年（1983—2000）

杜正胜（1944.6.10—）

在任4年（2000—2004）

石守谦（1951—）

在任2年（2004—2006）

林曼丽（1954.8.8—）

在任4年（2004—2008）

周功鑫（1947.4.14—）

在任（2008—至今）

蒋复璁

蒋复璁是一个善于创馆的人，他能在资金缺乏的情况下，把一个日本神庙的旧建筑，建成当时颇有规模的中央图书馆，受到了国民党高层的重视，这也成为后来聘用他做台北故宫博物院院长的重要原因。

1965 年 9 月蒋复璁被任命为台北故宫博物院的院长，他本人却是以图书馆馆员自居，他曾经说过："盖棺论定，我是一个图书馆员，将来我死后坟上名字旁边刻上'图书馆员某某人'"。蒋复璁任职期间最引以为豪的事情就是：故宫跻身于世界五大博物馆之列。

蒋复璁在口述回忆中说："我是一个图书馆员，没有学习过博物馆，我用图书馆学的原理来管理博物馆。图书馆的原则是开放的，我在美国匹兹堡的公立图书馆大门上看过这样一句'公开给民众'给我很大的刺激。我把公开二字用于博物馆，使博物馆像图书馆一样公开。"

蒋复璁在任 18 年期间基本上没有出国展览过，只是在之前的 1964 年曾经提取若干文物赴美展览，1970 年参加大阪博览会。蒋复璁策划加强出版，作为宣传之用。

蒋复璁一共连任 8 届台北故宫博物院院长，任职时间长达 18 年之久，直到 1983 年因年纪较大身体不适才退休。

蒋复璁一生与书结缘，青年时进入北京大学哲学系，1923年北大哲学系毕业后曾在松坡图书馆，北京图书馆出任编辑，1930年经浙江省政府选派，赴德留学，在柏林大学研习哲学，并攻读图书馆学，1932 年学成归国。1933年派为中央图书馆筹备处主任，多方奔走影印《四库全书》珍本，自此将复聰与四库结下了不解之缘。

80年代台北故宫博物院与台湾商务印书馆合作，影印出版文渊阁版《四库全书》，在此次影印过程中，已经退休的蒋复璁参与主持工作，为四库的出版做出巨大贡献。

蒋复璁先生被后人誉为"中国国宝的守护神"。

秦孝仪

1983年1月，故宫搬迁到台北郊外外双溪后的第一任院长蒋复璁因病退休。“行政院长”严家淦推荐秦孝仪担任台北故宫博物院第二任院长。

在台湾，很多民众在小学五年级时一定背诵过《蒋公遗嘱》：“自余束发以来，即追随总理革命……”——这篇遗嘱的执笔人正是秦孝仪，也正是因为这篇破题的短文，使得“秦孝仪”这个名字家喻户晓。

秦孝仪生前拥有一枚特殊方章，上刻“任蒋公文学侍从廿五年”。作为蒋介石曾经的第一机要秘书，蒋介石发表的政策文稿，几乎全是出自秦孝仪之手。

秦孝仪时期，台北故宫博物院不仅设立了面对社会成人的“文物研习会”和对幼童开放的“活动与创意”教室；1997 年，台北故宫还用复制品到岛内各大监狱巡展。

秦孝仪

秦孝仪心目中理想的故宫正如他在《七十年星霜》中所表述的那样，“是一个七千年的时光隧道。原本故宫的收藏，以清宫的收藏为主，到清代为止。为显示中华文明的一脉相传，并不是说到清代就断掉了。”

秦孝仪从 1989 年 7 月 1 日到 1991 年 5 月 24 日，花了 23 个月的时间，把从大陆故宫运到台湾的文物，一件一件进行清理盘点。秦孝仪惊奇地发现，2972 箱运来台湾的文物，经过那么多年的风风雨雨，所有的文物在清点完以后，与当时故宫文物账目进行核对，除了一本书里少了一页纸（满文档案女尸图）以外，那么多的文物竟全部在册。

这几乎是一个奇迹。

在清点文物的时候，秦孝仪将凡是由北京运到台湾的故宫文物，都以一个“故”字命名，对台北故宫博物院后来花钱收购的文物、由台湾人捐献的文物，均以“新”字命名。

秦孝仪后来访问北京时说：“我们的国家迟早都要统一的，我所做的事情就是要把这笔账算得非常清楚，一目了然。将来国家统一，这些‘故’字号的文物是要回到北京故宫博物院里来的。”

在去世前的一段时间，秦孝仪终于完成了心愿。

2004 年，湖南省博物馆的一封信件，恳邀他回到家乡做书法个人展览。孝公离乡已 50 年，2005 年 10 月，展览在长沙湖南省博物馆举行。

“一个坚守传统的中国书生，在他耄耋之年，终于回家了。”

秦孝仪生前和北京故宫博物院院长曾有书信往来，他才华横溢、儒情雅致，倍受郑院长推崇，当年郑院长填词《苏幕遮》、《贺新郎》赠予秦孝仪先生，秦先生“弥羡清才丽句”，回赠一首填词《鹊桥仙》：

故都如梦，流光似水，张绪当年风柳。撼山填海亦何尝，犹自记倚楼搔首。 结绳中绝，余燔渐熄，谁是补天高手？几时日月复光华，须先是河山重绣。

而郑院长在拜读秦孝仪先生《玉丁宁馆诗存》、《玉丁宁馆賸墨》两部著作后，作诗一首抒发情感：

“万样心波两帙凝，洋洋盈耳玉丁宁。

文房清玩个中趣，书道雅怀底事名。

若有萦思梦九县，颇多逸兴赋三京。

此生何者堪铭记？文物彬彬故国情。”

这首诗郑院长没有如以前一样寄给秦孝仪，而是想自己去台湾亲手交给他，然而，世事无常，秦孝仪先生突然仙逝，这恐怕要成为郑欣淼院长永远的遗憾了。

2007 年 1 月 5 日，秦孝仪因心肌梗塞复发，紧急送医不治病逝于台北振兴医院，享寿 87 岁。

现任台北故宫博物院院长周功鑫回忆说，“我追随秦院长的 17 年当中，16 年我负责展览组的工作，展览开创性的做法是秦院长为故宫开辟了新的方向，进入一个新的境界。”

周功鑫

现任台北故宫博物院院长的周功鑫，在台北故宫博物院的资历长达 27 年之久，早先从事基层导览工作，随后担任过蒋复璁、秦孝仪两任院长的秘书及展览组组长等职。

周功鑫在台北故宫博物院工作期间，曾经多次筹办国际大展：“印象派大师莫内”，最初展览的名字是“十九世纪末中西画风的感通”，在这个“感通”之下包括两个展览，一个是马莫丹收藏的莫奈和他同时期的画家，另外就是海上派、闽南派的画家。这次展览在短短两个月内接待参观人数达 42 万人次；后来的“罗浮宫博物馆”展览也独具特色，卢浮宫收藏的 16 到 19 世纪风景画，搭配台北故宫博物院收藏的山水画，中西合璧。

更为知名的是，她在 2007 年以耶稣生命历程为主题，筹划在国父纪念馆举办的“艺术与宗教”展，曾邀请梵蒂冈博物馆与意大利米兰、西耶纳等 5 所博物馆，联袂展出珍贵文物。

对台北故宫博物院的文化创意，周功鑫有自己独特的看法，成立“文化创意产业育成中心”，文化创意产业要看的不是产值而是深度，将来会邀请一些世界知名的设计大师到育成中心分享经验，还要进一步推动与国际间的交流。

2007年，我们《台北故宫》摄制组曾经采访过她，那时候她还是辅仁大学的教授，在采访中她提及台北故宫博物院的历次展览，感慨颇多：

“我们知道文物只是放在库房里，是死的，只有借助展览才能够活起来，让观众看到，才能够有机会学到。每年10月10号到11月20号都要办展，持续40天，选出来4批轮流展出，那段时间成了全世界研究中国艺术的这些专家、学者、学生聚集的时候，各地都会有一些学者过来参观。”

“这个观众里面有很多人因为看了博物馆举办的展览，改变了他的一生或者影响了他的生活，博物馆展览在教育上意义非常大，是非常好的沟通媒介。”

两座故宫博物院的互访和联展一直是很多故宫人的梦想，也是两岸民众的期盼，今年，两岸的故宫博物院院长将举行首次互访，这将是60多年来，两岸故宫博物院文化交流中级别最高的一次，对于这次破冰之旅，周功鑫院长持乐观肯定态度。

“怎么样让故宫的藏品发挥她的活力，让故宫本身创造艺术价值，这是我们发展的方向。”这大概是周功鑫对自己还有台北故宫博物院的期许！

后　记

地域上的分割、政治格局的变化、政治人物的喜好是否会影响对一种文化的认同？文明的源流来自于我们生命基因的记忆，还是来自于有形的物质及非物质文化遗产？这是个问题，但对于海峡两岸，100多年来我们经历了太多的事情，也有太多的问题扯不清楚。但我们同属于一个文化源流，我们都对同一种文化有着共同的尊重和认可。这似乎是一个不争的事实。两岸的故宫博物院实际上都在做着同一件事情，保护、研究和传播中华文明最经典的艺术与文化。实际上这10多年来，两个故宫博物院之间学术的往来不少，我就知道现任北京故宫博物院院长郑欣淼先生曾与已经故去的秦孝仪先生作诗唱和，耿宝昌先生去往台湾进行学术交流不下七八次。台北故宫博物院的学者们每年都会来到大陆进行参访和研究，北京故宫博物院里几乎每年都会出现他们的身影。两岸故宫的文物也曾多次合在一起进行展览，但从来没有在大陆共同举办。台北故宫博物院方面担心文物来到大陆，怕回不去了，希望我们这边增加“司法免扣压”的法律保障。这是很有些复杂的事情。我想大家都盼望两个故宫博物院的文物会在某一天出现在紫禁城里与公众见面。60年前这些文物漂洋过海来到台湾，60年来，它们与台湾已密不可分，成为了台湾人无法割舍的心爱宝物，深深地影响着台湾的文化和艺术。总之，不管这些国宝在哪里，60年来两岸都在努力薪火相传着我们共同的文明。

我们拍摄纪录片，写出这本书实际上都是在延续这种态度和行为。纪录片是为大众服务的，我们展示的很多故事也是为更多的人传递一些他们感兴趣的历史文化信息。这本书则更为通俗和浅显，它不是一本很严谨的学术著作，如果有什么学术上的错误，请诸位学者和专家原谅。这也可能是一个不伦不类的写作，既想写得亲切好玩一点，又要有对历史真实负责的态度。如果让哪位读者觉得幼稚可笑的话，也欢迎批评指正。

这是一次有点仓促的文字创作，大概也是为了应纪录片《台北故宫》播出的景吧。很多的内容和信息来自于很多的文献、书籍甚至网络资料，资料来源我们都会尽量罗列出来，以示感谢。当然最生动和一手的材料来自于我们纪录片的创作。我要感谢的人太多，无法一一列述。

感谢九洲文化中心的杜大宁、秦兵和胡骁先生，没有他们三位我无法如此深入地对台北故宫博物院进行解读和深度结缘。感谢金城出版社以及柯湘女士和刘太荣先生，对本书出版发行做出的重要贡献。感谢我们所有纪录片创作团队的成员，尤其是撰稿和编导们对我这本书的写作提供了巨大的帮助。感谢诺诺、聂丽芳、曲倩、宋峥峥对本书在最后阶段的文字编辑整理中的耐心和细致。感谢白岩松、郭长虹、柴静对本书内容的认可和评价。

附：

《台北故宫》演职员名单

出品人：杜大宁　高　峰
总策划：罗　明
特邀顾问：杨　新　耿宝昌
策划：张　荣　杨海涛　郭长虹　常凌钧
音乐总监：小　虫（台湾）
解说：春　晓
总制片人：杜大宁　秦　兵
制片人：崔　真　周　澜
总撰稿：胡　骁
总导演：周　兵

总片名题字：范　曾
分集片名题字：郭长虹
第一、二集前期策划：郑永志
第四、五集前期策划：王冲霄
撰稿：于渐慧　周　兵　曲　楠　亦　凡　范得良
陈　怡　周　卉　李　果　戴晓莲　刘东生
薄晓琳　李晓龙　方　放
导演：汪　哲　亦　凡　周　卉　范得良　陈　怡
祝　捷　张海燕　刘宁宁　刘东生　方　放
李　果　朱兰亭　李晓龙
再现导演：袁　丁
助编：曲　楠　陈利华　宋　雯　潘　懿　王文君
戴晓莲　李文华　王嘉玮　吉凤颂　付钧水
摄像：杨明阳　朱兴辉　李建明　马志伟　马天亮
方　放　刘　畅　郭锦田（台湾）　苗　壮
丁珍曲扎　席　鸣
摄像助理：郑　鑫　徐宝亮　刘　冲　王　颐
台湾协拍摄像助理：邱涛松　吴政儒　韩达人　王韦仁　施博仪
陈尚宸
解说：春　晓　蓝　强
古琴演奏：贾瑀铉
音乐制作：八格音乐制作有限公司（台湾）

动画制作：北京水晶石影视动画科技有限公司
推广统筹：鹿　颖　沈　庆　张　靖
资料统筹：侯智璠　陈　欣　戴晓莲　宋　雯　聂丽芳　宋峥峥
制片统筹：顾新辉　王　涛　周　华
制片：岳　霖　王嘉玮　孙秀发　李来学
设备统筹：齐庆鑫
数字调色：丁　宇　关之峘　陈　宏　毛　杰
美术：顾　屹
道具：樊　华　赵德全　陈松磊
服装化妆：白　云　陈　旭　张瑞芳
演员统筹：陈　旭
片头曲：爱，延续
词曲：小　虫（台湾）
演唱：纪晓君（台湾）
协助拍摄：原色彩传播事业有限公司（台湾）
监制：周亚平　周东元　王　胤
总监制：郭本敏

特别鸣谢

庄　灵先生（台湾）　王淑芳女士（台湾）　张临生女士（台湾）
李梅龄女士（台湾）　廖宝秀女士（台湾）　李庆平先生（台湾）
李在中先生　李光谟先生　梁欣如女士（台湾）　马志刚先生（台湾）
为本片提供拍摄线索及各类珍贵资料

良友（北京）文化传媒有限公司独家运营
良友纪录网站（www.1926cn.com）为本片官方网站
sina新浪视频独家网络同步首播
本片电子图书由起点中文网全球网络发布
本片DVD由北京科影音像出版社发行

东方良友数字影视传媒（北京）有限公司承制

九洲音像出版公司
中央新闻纪录电影制片厂
得意典藏股份有限公司
联合摄制

参考书目

1.《故宫跨世纪大事录要》，台北故宫博物院编辑委员会编辑，台北故宫博物院出版，2000 年版。

2.《天府永藏——两岸故宫博物院文物藏品概述》，郑欣淼著，紫禁城出版社，2008 年版。

3.《故宫七十星霜》，台北故宫博物院编撰，台湾商务印书馆发行，1995 年版。

4.《紫禁城的黄昏》，[英] 庄士敦著，陈时伟等译，山东画报出版社，2007 年版。

5.《前生造定故宫缘》，庄严著，紫禁城出版社，2006 年版。

6.《典守故宫国宝七十年》，那志良著，紫禁城出版社，2004 年版。

7.《中华文物播迁记》，杭立武编著，台湾商务印书馆发行，1980 年版。

8.《我与故宫五十年》，那志良著，黄山书社，2008 年版。

9.《民国人物大辞典》，许友春主编，河北人民出版社，1991 年版。

10.《八珍耄念国立故宫博物院八十年的点滴怀想》，蔡玫芬主编，台北故宫博物院，2006 年版。

11.《台北素描》，少君著，成都时代出版社，2006 年版。

12.《故宫导览》，台北故宫博物院，2006 年版。

13.《参加伦敦中国艺术国际展览会出品目录》。

14.《黄公望》，崔卫著，河北教育出版社，2006 年版。

15.《故宫周刊》合订本 1–5，台北故宫博物院印行，1990 年版。

16.《故宫文物月刊》，台北故宫博物院。

17.《故宫季刊》，台北故宫博物院。

参考文章

1.《故宫文物南迁》，作者姜舜源，《党员之友》2003 年第 16 期。

2.《故宫国宝战火大穿越》，作者司马湘茹，《江海侨声》1999 年第 13 期。

3.《抗战时期故宫文物的南迁西移》，作者唐正芒，《往事回眸》2004 年第 4 期。

4.《黄公望与〈富春山居图〉》，作者杨应清，《玉溪师范高等专科学院学报》1999 年第 15 卷第六期。

5.《一段书画流传史上的传奇——黄公望〈富春山居图〉卷》，作者聂卉，《紫禁城》第 144 期。

6.《千古绝作〈清明上河图〉真迹发现始末》，作者明红，《档案天地》2007 年第 4 期。

7.《〈清明上河图〉之谜》，作者张梦君，《报刊荟萃》2006 年第 3 期。

8.《叶公超与“毛公鼎”的一段生死机缘》，作者方一戈，《文史天地》2003 年第 12 期。

9.《毛公鼎得失记》，作者徐伯璞，《钟山风雨》2001 年第 6 期。

10.《盖棺论定蒋复璁》，作者罗德运，《图书馆工作与研究》2000 年第 4 期。

11.《〈快雪时晴帖〉中“达 · 芬奇”密码续解》，作者穆棣。

12.《只有被侵占的土地，没有被侵占的文化——国宝在迁运中的展览》，《紫禁城》2005 年 05 期。

13.《简短小诗忆旧游》，作者郑欣淼，《紫禁城》153 期。

14.《故宫护宝一家人》，作者颜菁，《北京青年报》，2004 年 3 月 11 日。

15.《触摸故宫世家的“五代情缘”》,《时代人物周刊》, 2005 年 11 月 30 日。

16.《南迁国宝十三次遇险》, 作者向斯寒布, 看看网, 来源《民主与法制》2006 年第 14 期。

17.《梁匡忠: 带走一个时代　一个家庭与故宫的命运》, 作者郑欣淼, 中国经济网, 来源《文汇报》。

18.《中华瑰宝典藏宝库——台北故宫博物院》, 作者郭开慧,《另眼看台湾》(四川大学出版社, 2008 年 2 月)。

19.《前台北“故宫博物院院长”秦孝仪谈宝藏》, 新华网, 2001 年 4 月 9 日。

20.《台北故宫博物院藏宝室探秘: 数万件国宝藏身山洞》, 走吧, 来源台湾《商业周刊》。

21.《在台北故宫寻中国之美 (宝岛印象)》, 新华网, 来源《人民日报海外版》(2006 年 1 月 10 日第三版)。

22.《华丽彩瓷——台北故宫博物院珍藏的瓷中极品》, 中国新闻网, 2008 年 12 月 2 日。

23.《让文物走向大众, 台北故宫要建“山上博物馆”》, 中国新闻网, 2005 年 11 月 17 日。

24.《台北故宫推出“国宝宴”》, 中国新闻网, 2008 年 7 月 4 日。

25.《台北故宫的清明上河图“活”了》, 厦门网, 2007 年 3 月 16 日。

26.《台故宫博物院 38 年前遗失满清女尸图》, 新浪网, 2007 年 3 月 7 日, 来源《海峡都市报》。

27.《台北故宫文物风波》, 中国台湾网, 2007 年 8 年 3 日, 来源《凤凰周刊》。

28.《中国公私文物损失 · 文化珍宝大迁徙》, 新浪网, 来源《大劫难》,

作者孟国祥，中国社会科学出版社。

29.《古物有灵：故宫国宝辗转南迁15年记事》，青少年思想道德网，2006年1月17日。

30.《故宫国宝数万箱文物南迁的历史真相》，乐山新闻网。

31.《国宝迁台同根生隔海遥望》，新浪网，2005年10月28日。

32.《文物史上旷世传奇故宫文物南迁“长征”大揭秘》，中国经济网，2006年4月29日。

33.《“三希”离合》，京报网，2007年12月4日。

34.《“OLD IS NEW”——台湾旅行四“品”》中国台湾网，2008年9月1日，来源携程网。

35.《纪念故宫文物南迁70周年文物迁台55周年》，新浪网，2003年5月12日。

毛公鼎

石雕辟邪三足砚

雕橄榄核舟

顔真卿祭姪文藁記

内府所收顔真卿真蹟凡四入石渠寶笈者一（真卿書建中三年朱巨川告身）待續入者三（真卿自書告身卷又書建中元年朱巨川告身卷又裴將軍詩卷）別有一争座位帖似屬贋鼎列之石渠次等不以為珎也兹乃得其祭姪季明文藁真蹟披閲一再慨其一家捨身盡節而為其君者如不知也又嘆其徑千年滄桑之變而故紙完存誠有所謂神物呵護者也昔張旭觀公孫大娘之舞而悟書法得端莊流麗之妙若自書告身帖及朱巨川告身帖所為端莊者也若裴將軍詩帖所為流麗者也合端莊流麗為一而更出以無心其在此祭姪文藁乎此卷之顯晦流傳王頊齡徐乾學論之詳矣兹不復贅獨是二人者皆本朝世家亦嘗叮嚀其子弟善守希珎矣今其子弟不能守而鬻之鹽商榷鹽者從而貫之以登之内府撫卷三嘆知忠烈之可以永存而聲華之未必恒保更思時有忠烈之臣則其世必多喪亂之事是可畏之甚也且此數卷獨非宣和書譜中所有之真蹟乎其輾轉流落民間又將六百餘歲矣然則弃此卷於禁中香足以為殷鑒之警是不可不記

乾隆丙午孟秋月御筆

乾隆丙午孟秋月御筆

維乾元元年歲次戊戌九月庚午朔三日壬申第十三叔銀青光祿大夫使持節蒲州諸軍事蒲州刺史上輕車都尉丹楊縣開國侯真卿以清酌庶羞祭于亡姪贈贊善大夫季明之靈曰惟爾挺生夙標幼德宗廟瑚璉階庭蘭玉每慰人心方期戩穀何圖逆賊閒釁稱兵犯順爾父竭誠常山作郡余時受命亦在平原仁兄愛我俾爾傳言爾既歸止爰開土門土門既開

《祭侄文稿》

散氏盘

丁香紫尊

珐琅彩时时报喜把壶

珐琅彩黄地牡丹碗

珐琅彩虎丘山水图碗

清 乾隆 珐琅彩花蝶活环壶

清 乾隆 珐琅粉彩百鹿尊

清 翡翠手镯

石室藏书笔筒

清 翠玉双龙抢珠纹手镯

翠玉白菜

明 宣德 霁青霁红莲瓣卤壶

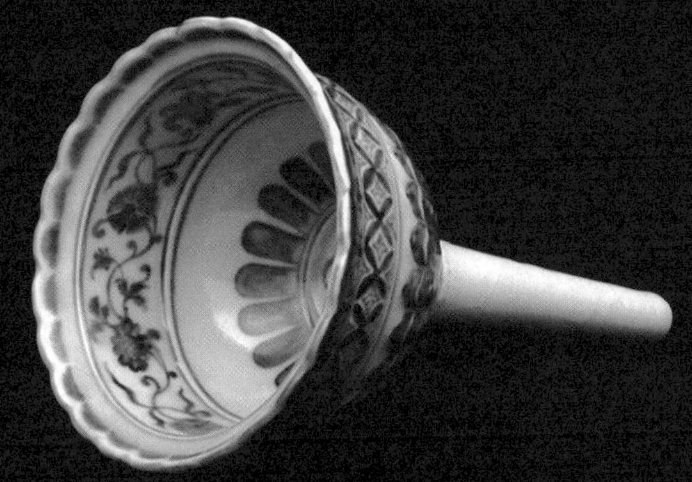

明 宣德 青花莲瓣平纹漏斗

明 宣德 青花花卉灯

天池一月印宙宇衆
星攢爝火寧相比陶
泓永得完依肰北朝
宋真出老坑端清伴
文房暇摛辭愜染翰
乾隆丁酉御題

从星砚

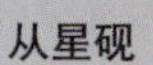

从星砚

碧玉雕花多宝格

白瓷划花花式注碗

青瓷水仙盆

明 宣德 款剔红七贤过关小圆盒

玉谷纹半璧

清 金珀佛手鼻烟壶

清 金珀内绘博古图鼻烟壶

玉荷叶杯

明 宣德 宝石红僧帽壶

青瓷奉华纸槌瓶

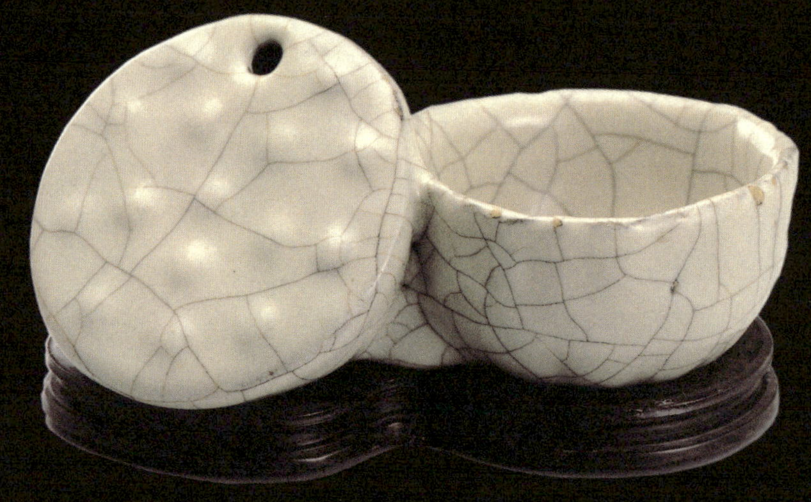

双莲房水注

青玉人物笔洗

梅子青釉荷叶盖罐

青瓷簋

珐琅彩蓝料山水把壶

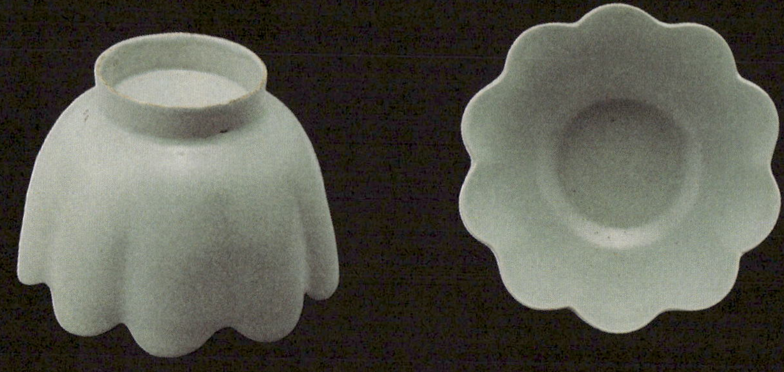

青瓷花式温碗

白瓷瓜式提梁壶

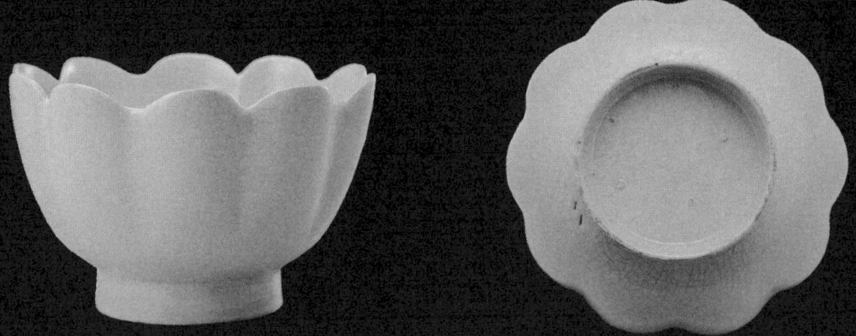

青瓷花式温碗

清 雍正 珐琅彩竹雀图碗

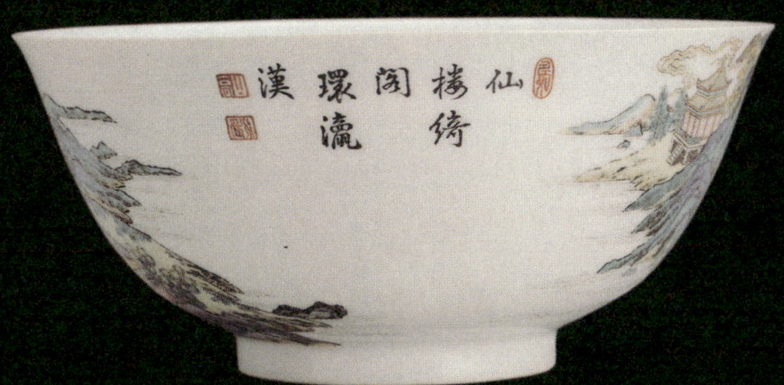

清 乾隆 珐琅彩山水楼阁碗

清 康熙 宜兴胎珐琅彩花式茶壶

清 乾隆 珐琅彩团花花蝶把壶

清 乾隆 珐琅彩福寿连绵双耳瓶

乾隆玉玺印

清 白玉苦瓜